아름다운
영혼과
동행

아름다운 영혼과 동행

발행일	2015년 9월 14일

지은이	송 광 수		
펴낸이	손 형 국		
펴낸곳	(주)북랩		
편집인	선일영	편집	서대종, 이소현, 권유선
디자인	이현수, 윤미리내, 임혜수	제작	박기성, 황동현, 구성우, 이탄석
마케팅	김회란, 박진관, 이희정, 김아름		
출판등록	2004. 12. 1(제2012-000051호)		
주소	서울시 금천구 가산디지털 1로 168, 우림라이온스밸리 B동 B113, 114호		
홈페이지	www.book.co.kr		
전화번호	(02)2026-5777	팩스	(02)2026-5747

ISBN   979-11-5585-761-8 03230(종이책)   979-11-5585-762-5 05230(전자책)

이 도서의 국립중앙도서관 출판예정도서목록(CIP)은 서지정보유통지원시스템 홈페이지(http://seoji.nl.go.kr)와
국가자료공동목록시스템(http://www.nl.go.kr/kolisnet)에서 이용하실 수 있습니다.
(CIP제어번호 : CIP2015024602)

매일 아침 눈을 뜰 때 기적 같은 삶을 맞이하고 싶은가?
그렇다면 영성靈性을 통해 삶의 운행법칙을 알아야 한다!

송광수 지음

아름다운 영혼과 동행

We can always meet on everyday. I love you.

북랩 book Lab

프롤로그

～

　우리는 흔히 세상에서 각별하고 특별한 일과 내용을 즐겨 찾으며 그 속에서 목적하는 뭔가를 얻어내려고 합니다. 하지만 결과는 없다는 것이지요.

　자신의 코드가 최상위나 하위가 아닌 보통의 코드임에도 상위나 하위 레벨에 맞춘 결과입니다.

　'아름다운 영혼과 동행'은 자신의 아름다운 영혼과, 육신이 더불어 오래도록 동행하라는 것입니다. 세상은 빛으로 시작되었고 빛의 에너지는 의식에 의해 조율되고 창조되어져 왔습니다.

　창조주의 마음을 읽으면 우주를 알게 될 것이고, 우주를 알게 되면 창조주의 뜻을 알게 될 것입니다. '아름다운 영혼과 동행'은 보통의 사람들이 각성하고 의식이 전환되어 깨어나게 하기 위함을 목적으로 합니다.

　욕심내지 않으며 소박한 삶을 살기를 원하는 이들이 어느 여름날 소낙비 빗줄기에 삶을 잃어버리고 본질의 아름다움에서 추락하여 초라하게 세상을 살아감이 즐겁지가 않을 뿐입니다.

한 걸음 두 걸음 걸어가듯 처음부터 읽어 가십시오. 그렇게 읽어서 마지막 글에 다다를 즈음에는 의식이 변화되게 될 것입니다.

의식이 전환되면 나의 삶 전체가 반응합니다. 즉 물리적 삶인 현실이 변하게 됩니다. 특별히 무엇인가를 이루기 위해 에너지를 소비하지 않아도 의도하는 뜻대로 바뀌게 될 것입니다.

'아름다운 영혼과 동행'은 특별한 내용을 제시하려는 것이 아닙니다. 우리가 일상적으로 생각하고 행해 온 과정 속에 우리가 인식하지 못한 것을 이제 인식해야만 하는 시간이 왔다는 것이며 잃어버린 자신의 의식체계를 인식함으로 새로운 삶이 시작된다는 것입니다.

2015. 8. 18

차례

제2편 중략 ─────────────

제1편

열거

이 가을에도 기다린다

~

가장 합당한 시간에 유효적절한 방법으로
반드시 줍니다.

무뎌서 모를 뿐입니다.
반듯한 반석을 만듭시다.

가을바람에 갈대 홀씨 모두 날리기 전
변화되기를 희망합니다.

~

01
창세기 창조주

~

    우리는 흔히 창세기 속 일주일간의 천지창조 과정과 아담과 이브의 생성과정을 문제 삼고, 그 논란을 빌미로 기타의 목적으로 사용하고 있습니다.

    창조주는 무엇 하나 헤프게 쓰임이 없도록 두루 창조하시었음에 경배합니다. 과학도 영적 능력도 창조에 관한 한 많은 시간이 필요할 것이고, 특별히 창조주께서 절대 절명의 문제가 야기되어, 진실을 밝혀 인류에게 하나님이란 창조주의 성호를 삭제해야 할 이유가 있다면 당연히 인류가 멸망할 때까지 죽기를 각오하고 진실을 밝혀야 할 것입니다.

    창조주 존재함에 문제가 있는 국가나 국민 사회단체가 있다면, 그렇게 해야 할진데 유물론이란 인류가 성장함에 따라 만들어진 적정한 학습론임을 누구나 알고 있지요. 그것을 활용하여 강력한 통제나 이익추구로 사용되었음 또한 우리는 알고 있습니다.

갈매기가 바다 위를 날면서 수면에 떠오르는 고기를 잡아먹고 존재하는 것을 갈매기라고 정의하며, 왜 갈매기가 생육되고 바다 위를 날며 바다고기를 축내고 있는지는 알 수 없습니다. 우주에서 갈매기의 역할이 뭔지 알지 못하며 갈매기가 왜 존재하는지를 연구하는 이 또한 없을 것입니다.

우리가 근접할 가치 중 최고의 명답이 바로 창세기에 거론되어 있습니다. 물론 우리는 접근의 형태를 연구할 필요가 있습니다. 이곳의 페이지는 우리가 사는데 도움이 되라고 구성된 공간입니다.

왜 창세기가 우리에게 도움을 준다는 것일까요. 물론 창세기에 놀라운 비밀이 있을 까닭이 없습니다. 단지 우리는 늘 읽고 읽지만 무감각으로 보고 읽을 수 있다는 것입니다.

하나님의 모습대로 우리를 창조하셨습니다. 70억 인류는 모두 하나님의 모습입니다. 생기를 훅 불어넣어 완전한 하나님을 복제하셨다는 것입니다. 내가 누구냐, 하나님의 모습을 지닌 인간으로서 하나님께서 주신 생기로 호흡을 하며 하나님의 목적적 목적물로 이 땅에 왔다는 것입니다.

종교는 믿음의 원칙이지 연구나 학문적 논리용으로 사용됨은 본질이 아닙니다. 우리는 이 믿음을 강요해서는 안 되며 모두에게 적용할 수가 없습니다.

분명 모습과 생기는 하나님의 형상인데 피사체가 모두 틀리다는 것입니다. 얇은 비닐주머니에 물을 담고 보니 컬러가 틀리고 크기가 틀리며, 물질의 특성이 분명해졌다는 것이지요.

놀라운 일입니다. 만약 똑같았더라면 생각만 해도 끔직한 일이지요. 그래서 창조주입니다. 그럼에도 창조주에게 경배할 수 없습니까? "예"이면 모조품일 수도 있습니다. 넌지시 알던 이론을 사실로 확인하면 감흥이 오고 바로 동의하는 것이 답입니다.

굳이 부정을 위한 답을 찾을 필요가 없습니다. 창조주께서는 누구도 부정할 수 있도록 권능과 자유를 주셨습니다. 우리는 스스로 선택도 할 수 있지만, 창조주께서도 우리를 선택한다는 사실을 알아야만 합니다.

이 사실을 확인하기 위하여 창세기 1장~4장을 외울 것까지는 없지만 40~50번을 읽어보시면 다음 장을 읽어야 할지 말아야 할지 스스로 결정하시게 됩니다.

본 페이지는 아직 기독인이 아니거나 망설이고 있거나 부정하시는 분에게 전하는 메시지입니다. 이미 기독인이라면 많은 길을 통과하여 낙원 땅에 근접하고 있을 것으로 생각합니다.

02
출애굽 삶의 지혜

❧

노예로 태어나 종으로 일생을 살다 죽게 되면 노예의 불편함을 알 수가 없습니다. 자유를 모르는 이가 자유를 위한 투쟁을 할 수가 없고, 배고프고 헐벗은 가난 없이는, 풍요의 참 진리를 알 수가 없는 것이지요.

야곱의 후손들은 타의 반, 자의 반, 뭔가 큰 힘의 기류를 느끼고 모세를 따라 모두 모두 광야로 나가게 됩니다.

물론 인도하는 자의 강력한 힘을 보여 험난한 여정과 장차 하나님으로서의 위상도 갖추기 위해, 이스라엘 족속에게는 확실한 인식 작업을 시키고, 애굽 왕에게는 승복을 받아내기 위한 일련의 일들이 출발 전 [애굽 왕 바로]를 처참하도록 초토화해버립니다.

애굽 땅 모든 물을 피로 물들이고, 개구리 떼로 난장판을 만들며, 티끌로 이를 만들어 애굽인 모두에게 듬뿍이 뿌려줘서, 짐승들처럼 만들고, 파리 떼로 하여금 문명생활을 불가하게, 전염병과 악성 종기, 때 아닌 주먹 같은 우박과 불비로 인정사정없이 내리치며 불살라 버렸고, 메뚜기로 하여금 채소를 모두 뜯어 먹게 하더니, 주야 삼일 간 흑암으로 극심한 공포로 몰아버렸습니다.

최종에는 바로 왕 아들 포함 애굽인들 장자와 처음난 모든 동물들을 일시에 죽임으로 막을 내립니다. 이러한 환경에서 애굽 사람들이 생존했음이 대단한 것이지요.

현재 전 세계 어느 민족이나 국민들이 이러한 고통을 받을 수 있을까요. 있을 수 없는 일들을 하나님이 행했음으로 믿지 못하는 것이지요. 우리의 믿음과는 관계없이 애굽인들은 꿋꿋하게 말과 병기를 끌고 애굽에서 시급히 떠나보낸 이스라엘 족속들을 추격 홍해 물속까지 쫓아갔다가 결국 몰살지경을 당합니다. 대단한 기상들입니다.

바로 왕과 애굽인들 기상을 본받자는 것이 아니고 실전이 그러했습니다. 애굽족과 이스라엘 족속 누가 선이고 악인지 구분 안 되며 순전히 하나님이 아브라함에게 약속하신 아브라함의 자손들을 하늘의 별만큼이나 번성케 해준다는 약속을 지킴으로 은연중 애굽인들의 노예가 되어버린 이스라엘 족속을 탈출시키는 과정입니다.

하나님은 애굽의 노예해방을 시킬 때 전능한 능력이 충분함을 이스라엘 족속에게 생선에 소금 절이듯 완전히 배게 하여 인식이 완료되었다고 생각하였습니다. 그리고 민족이동의 대장정 길로 떠나게 됩니다. 무려 60만 명이 바리바리 짐을 챙겨 사막을 앞뒤로 바라보며 황량한 광야로의 여정이 시작되었지요.

대단한 믿음이 아니고서는 불가한 일이니 이스라엘 족속들 믿음도 훌륭하지요. 결국 하나님만이 할 수 있는 대 역사를 단행한 것입니다. 우리 인류사에 60만의 사람들이, 40년간 광야를 떠돌고 다닌 민족이 있습니까.

처음 믿음처럼 변함없었으면, 이스라엘 족속의 여행 시간이 짧아졌거나. 좀 더 멋진 여행길이 되었을 것이라고 생각할 수 있으나, 하나님의 계획은 빈틈이 없기 때문에, 가나안이라는 땅이 이스라엘 족속이 등기한 것이 아니었고, 60만 숫자로 드넓은 땅을 채울 수도 없었으며, 군비쟁쟁의 의미와 강한 조직으로의 맹훈련이 한몫 했을 수도 있는 것입니다.

일단 전략적인 것은 하나님의 몫이고, 우리의 몫을 정리한다면, 이미 역사하기로 예정된 것은 우리의 의지로는 바꿀 수 없고, 만약 바꿀 수 있다면, 오기나 분노, 증오, 폭력으로는 불가하니, 신뢰와 믿음, 사랑만이 하나님의 계획을 바꿀 수 있을 것으로 생각합니다.

오죽하면 "내가 여호와 하나님이니라"를 말끝마다 했을까요. 믿지도 않으면서 물 나와라 떡 나와라 하니 답답한 것이지요. 물론 부족한 종이 생각할 때 그렇습니다.

믿어서 도움되는 분은 믿으시기 바랍니다.

03
신(God)의 선택

~

선택을 받는다는 것, 매우 중요합니다.

대통령 선거에 참여하려면 소속정당에서 선택돼야 하고, 고시에 합격하려면 시험관에게 제출한 답안지가 선택되어져야 하지요. 이것은 자발적 선택을 원할 때입니다.

타의적 선택을 일반적 운명으로 정의하며, 좋은 의미의 예정은 누구나 선호하지만, 그에 반하는 흉凶한 예정豫定을 미리 알고, 그것을 바꾸려는 일련의 사건들이 인생사가 됩니다.

자의적 선택을 원 할 경우는, 대상이 신(God)이든 인간이든 약간의 교감交感이 그런대로 조화가 되나, 타의적 선택을 당한 경우 대부분 역반응과 불협화음으로 결과가 신통치 않을 겁니다.

우리는 신(God)이나 구원자로부터 내가 원하는 것이 선택되어지기를 원합니다. 그리고 선택해주기를 바라면서 무한한 노력을 합니다. 인간의 비애이며 감동사입니다.
아담, 노아, 아브라함, 롯, 이삭, 야곱, 요셉, 모세, 여호수아 … 물론 헤아릴 수 없을 정도로 많은 인물과 집단이 선택받았습니다.

우리 인류는 이미 예정된 시간여행을 한다는 것을 알면서도, 그 자체에 매우 미온적 자세를 취합니다. 왜 그럴까요? 영장류로서 자존과 위상이며 이것은 자신 주변을 감싸고 있는 부류들로부터 연유한 것이지요. 주시자注視者들로부터 끊임없는 선택을 받으려하기

때문이며 결과적으로 자유로워질 수 없고 신(God)과 구원자救援者로
부터는 자유로울 수가 있는 것입니다.

각고의 노력 없이 신(God)이나 구원자로부터 선택된 자는 없습니다. 우리가 익히 알고 있는 다윗 왕, 솔로몬 부자父子의 가문의 영광과 복 받음만 알지 그 복을 누리기 위해 얼마나 많은 연단 시간과 강한 정신력이 요구되었는지는 망각할 수 있습니다.
그래서 성경을 숨 쉬듯이 읽고 읽고 또 읽어야 하는 것이지요.

창조주가 인간을 창조할 때 생기를 한 번만 마시도록 했다든가, 밥을 한 끼만 먹고 수명을 다할 때까지 필요가 없다든가, 잠을 한 번만 자고 이후로는 눈을 계속 뜨고 있도록 했다면, 성경 역시 한 번만 읽어도 만사형통케 했을 것입니다.

가나안 땅에 거주한 가나안, 기르가스, 아모리, 헷, 브리스, 히위, 여부스 7부족은 잊힌 사람들이 될 수 있고, 죄목은 아세라 목상에 자기 자식들을 산 재물로 바치는 등 우상숭배와 저지른 죄악 때문입니다.

어떻게 하면 신(God)이나 구원자로부터 선택을 받을 것인가는 매

우 간단합니다. 성경을 읽고 말씀대로 행하면 됩니다. 성경을 선택한 순간 육肉은 존재하되 영靈은 죽어야 합니다. 질그릇이 자신을 빚은 토기장이를 연구하고 판단할 수 없으니 당연히 죽어야 하지요.

 자신을 구제할 수 있는 성경을 읽고 행하기만 하면 되는데 이보다 쉬운 일이 어디 있을까요.
 그럼에도 불구하고 더 쉽고 편한 것을 찾는다면 신(God)과 구원자로부터 자유로워지는 것입니다. 더 쉽고 고상한 방법을 찾는 자가 유랑자요, 방랑자요, 영원한 나그네입니다.
 그리하다 죽게 되면 객사客死했다고 말합니다.

 진리를 발견하고 참 도道를 깨우쳤다 할지라도, 진리나 도道를 나팔 불 필요는 없습니다. 알린다 해도 진리나 참 도를 알지 못한 이가 이해한다 함은 불가합니다.
 단지 안내를 해야 합니다. 코끼리를 아무리 설명해도 듣는 이는 자신의 생각만 합니다. 즉 에스겔이 본 괴물을 만드는 것이지요. 코끼리를 만나야 합니다.

 지금부터 코끼리를 만나 행복한 삶이 열리기 바랍니다.

04
계시록 진리

〜

　이 시대 훌륭하신 영적 지도자는 계시록을 통달해야 한다고 말들을 합니다. 그리고 계시록에 강해하면서 자신의 영적 능력을 표출하고, 무지한 영혼들에게 우상화되기도 하며 그에 걸맞은 명예나 재물을 얻을 수도 있을 것입니다.

　계시록은 미리 알려준다는 말이고, 알려 주는 말이 좋은 일이었을 경우는 0.001%이고, 고난과 고통을 주는 내용이 99.999%입니다. 그러면 계시록을 간단히 숨도 안 쉬고 읽어봐도 불길한 사건들이 즐비하게 나열되어 있음을 알 수 있습니다. 많은 계시록 연구가들이 예비 된 멸망을 알려고 노력해왔고 노력하고 있는 중이며, 앞으로도 계속 탐구할 것입니다.

　요나는 여호와 말씀을 정면으로 거부하고 도망자의 길을 떠났다가, 물고기 뱃속에 들어갔다 나온 유일한 생生 피노키오(Pinocchio)이지요. 요나는 여호와를 대수롭지 않게 여겼고, 자신의 게으른 생활양식에 안주하면서 자신의 목숨을 아끼는 자인데, 물고기 뱃속에서

혼비백산魂飛魄散한 요나가 참회 기도를 통해 밝은 세상으로 나왔으나, 여호와께서 행하는 일마다 퉁명한 자세로 임하는 괴이한 자입니다.

여호와께서 니느웨 성읍을 재앙으로 다스리고자 예정하고, 요나에게 니느웨 성읍사람들에게 "40일 후에는 니느웨가 무너진다"라고 선포하라 하시어, 그대로 행하게 됩니다. 그런데 니느웨 왕부터 왕복을 벗고 베옷을 입으며, 성읍 사람들과 가축에 이르기까지 금식과 제단에 엎드려 절대적 믿음을 드러냄으로서 예정된 재앙이 소멸됩니다.

요나는 자칫하면 거짓 선지자로 오인 되어 니느웨로부터 테러를 당할지도 모름으로, 감히 적대할 수 없는 여호와께 분노를 발하게 되나, 지혜로운 여호와께서 박 넝쿨로 요나의 영성훈련을 시킴으로 요나의 역할은 마무리됩니다.

예정된 일이 변경되었습니다. 우리의 삶의 자세에 따라 예정이 바뀌며, 있음도 없게 하고, 없음도 있게 됩니다. 고로 좌로 우로 치우치지 않는 믿음과 진리로 행함만이 살 길이 됩니다. 계시록의 연구는 부질없음입니다. 요나 신세 되지 않기를 바라면서 계시록을

강해함 자체가 사술이 될 수 있고, 묵시록 내용 중 누구도 강해하지
말며 읽기만 하라고 했음에도 불구하고, 무지한 영혼들을 더욱 황
폐하게 만들고 있는 것입니다

　계시록은 누구나, 비非기독인 일지라도 읽으면, 불길한 내용임을
알 수 있습니다. 그리고 더 이상 나팔 불 필요 없을 것입니다. 계시
록에 기록된 일을 당하기 싫으면 말씀대로 행하면 됩니다. 비기독
인들에게 계시록을 알려 줬다고 기독교도가 될 것으로 착각하면,
큰 오판이 될 수 있습니다

05
재림 무엇을 기다리고 계신지요

∾

　유아기를 벗어나 철들면서 뇌에 인식된 단어 중 하나가 "새 하늘
새 땅"이 열린다는 것입니다. 우리 모두 마중 나갑시다! 새 하늘 새
땅을 보자마자 뉴 하늘 뉴 땅이 열린다 하니 이 땅은 구 하늘 구 땅
인가요?

'불쌍'의 정의는 입고 있는 남루한 옷이 헤어져 너덜거리고, 음식물을 제대로 섭취 못해 초췌한 몰골로, 초점 잃은 눈동자를 보면서 작명된 단어인데, 더욱 불쌍한 것은 정신적으로 황폐한 사람이 될 것입니다. 현재 머무르고 있는 하늘도 제대로 보지 못하면서 새 하늘을 꿈꾸고, 서 있는 땅도 모르면서 새 땅에 넋을 빼앗긴다 함은, 바람의 종족으로 인류학명을 추가해야 할 듯합니다.

그리스도께서 이 땅에 오사, 구원이라고 몇 가지 이적을 행하자, 대적大敵이 등장하여 바로 십자가에 매달아 버렸지요. 그리고 그리스도 역시 죽음의 목적은 모든 죄를 대속하겠다고 그러니 사랑을 통하여 좋은 일 많이 행하고 있노라면 자신이 와서 심판하여 옥석玉石을 가리겠노라고 그리고, 옥玉은 새 땅 새 하늘을 볼 것이라 했고, 돌멩이는 당연히 돌가루가 되지 않을까요.

구약은 그런대로 희망이 있었지요. 죄의 정의를 행위에 한정했으니까요. 그런데 그리스도 출현하시어 행위에다 생각까지 죄에다 포함한 것입니다. 이 초고도의 죄악론罪惡論에서 자유로울 사람이 몇이나 될까요.

그럼에도 불구하고 주여 어서 빨리 재림하사 새 하늘 새 땅을 보게 하라 기도할 수 있을까요.

예수 그리스도 재림 날은 지구의 멸망 날로 역사에 기록되지 않을까 생각합니다. 그러니 그리스도 재림 전까지 천사天使로서 거듭나 있던가, 영구히 재림이 미뤄지거나 없다면 그나마 한세상 그런대로 살다가 스올로 내려가는 것입니다. 믿음의 종교란 기쁨, 즐거움과 관계없는 것입니다. 회개와 감사와 간구의 연속일 뿐, 그 이상도 이하도 아닙니다. 즐거움과 기쁨은 도처에 있습니다.

호도꾼들이 얄팍한 상술로 호객하여 바가지를 듬뿍이 씌워, 챙긴 재물로 기름진 음식과 번쩍이는 의복으로 치장했어도 초라하고 불쌍한 것이지요. 감언이설甘言利說에 꾐을 당한이 역시 불쌍하기는 동병상련同病相憐일 것으로 생각합니다.

06
전갈 채찍

~

성경 어느 구절에 보면 솔로몬이 죽자 그의 아들 르호보암은 팔팔한 기상으로 새로운 정책을 발표하면서 나의 아버지 솔로몬은 가

죽 채찍을 사용하였으나 자신은 전갈 채찍을 사용하노라고 의기당당하게 발표를 합니다. 물론 어느 시대나 권력자 주변에는 술사들이 포진하고 있는 것이니 책사들이 한몫했지요.

결국 "이스라엘아 너희 장막으로 돌아가라 다윗이여 이제 너는 네 집이나 돌아보라" 하면서 온 이스라엘이 장막으로 돌아갑니다. 결국 르호보암은 자신이 머무르는 작은 성의 성주城主로 전락합니다.

성경에서는 이것을 하나님의 계획하심이라고 말합니다. 그 무엇인들 하나님의 계획 아닌 것이 있음 말해보세요. 순종과 불분종의 갈림길이 바로 이 지점입니다. 자신 믿음의 층層을 가늠하는 것입니다.

기독교의 대표적 구호가 "믿음 소망 사랑"으로 우리가 흔히 얘기하는 공관복음共觀福音이라는 마.막.눅. 3복음장의 대표적 캐치플레이입니다. 공관 은 참으로 훌륭합니다. 모두를 아우르고 선이나 악이나 대소大小 고저高低를 뛰어넘어 공工을 이룸을 말함입니다. 일반적 논리는 이론이고, 이론을 학문이라 칭하며, 학문을 권위로 나눠 놓은 것이 학위입니다. 그러니까 공론空論이 됩니다. 이론적 가치관을 지닌 학문이라는 뜻입니다.

아울러서 정책용 전략단어가 되는 것입니다. 그럼에도 불구하고 "모두를 사랑해야한다 믿음으로 보지 않는다 구원받아 천국가려면 회개하고 기도하라"고 하면서 어마 어마하게 몰아세웁니다. 교회 문턱을 들어서기 전에는 우주의 위대한 존재자들이었는데 문턱을 넘는 순간 우주의 죄 많은 동물로 전락이 되면서 "거룩을 찾아라 거룩해져라 거룩도 모르냐 불쌍하도다. 이 처량한 영혼들을 구원하소서 정신이 없도다 아멘" 창 밖으로 들려오는 말입니다.

창조주께서 인간을 창조하사 믿음으로 아담을 빚었는데 아담이 공관정신共觀精神으로 하나님의 믿음을 저버린 것입니다. 깜짝 놀란 여호와 하나님께서 안 되겠다 싶어 생명나무에 불 칼로 보초를 세우게 되는 창세기 대사건이 발생됩니다. 물론 성경에는 모두 대사건만 있습니다.

우리 역사에 인류사상人類思想 전환기轉換期가 연속되어 옵니다. 물론 민족별로 독립된 문화 속 이데올로기야 당연하겠지요. 토기시대 철기시대를 맞이하면서 족장체계를 세우고, 봉건시대가 나타나고 노예시대와 아울러 혈전으로 인류가 몸살을 앓다가, 급기야 인생이 뭐냐고 철학시대가 도래하면서, 신(God)이 주체가 아니다, 인간이 주체가 되어야한다 그러면서 조각이든 그림이든 온통 누드로

판을 치게 합니다. 현존하는 증거물들이 많습니다. 조각품이나 그림 값이 상상도 못하리만치 비싸지요. 팔지도 않지만요.

누드화도 지루했는지 인류는 혁명시대를 만들어 갑니다. 너도 나도 혁명의 바람을 타고 혁명을 하여 기독교 역시 혁명의 소산물입니다. 뒤집어엎는 과정에서 편 가르기 이념전쟁을 한 것이 세계대전으로 근대사의 기록이지요. 혁명과 전쟁을 해도 분이 덜 풀리고 허전함을 못 메운 인류는 하나님을 직접 면대面對를 할 작정인지 하늘에다 로켓을 쏘아대면서 우주로의 여행길을 떠납니다.

정작 하나님을 찾지 못한 우주인들은 우주창조론宇宙創造論을 수정해서 우주생성론宇宙生成論이라며 품위 있고 근엄하게 논리를 전개시키면서, 수년전에는 멀쩡한 사람들을 태운 로켓이 발사 뒤 몇 초도 안 돼 공중분해 되버렸습니다. 안타깝고 참혹한 일입니다.

창조주의 피조물이 하나님 노릇을 하려함이 인간의 오만이요, 바로 가증스러운 것입니다. 성경에는 가증스러운 것이 거룩한 곳에 서거든 죽을 준비를 하라 했는데 내가 하는 행行이 가증스럽지 않은지요? 그리고 돌을 던지든 전갈을 던지든 순서가 될 것이라 생각합니다.

07
구원의 실체

~

　우리는 혼히 불편한 부분을 해결하기 위해 대리인代理人을 고용합니다. 그리고 대리인은 일정한 대가를 지불받음으로 불편한 부분을 해결해 주게 되지요. 이름하여 해결사가 되는 것이지요.

　사회적 통념상 대리인 그룹은 대부代父가 되는 것입니다. 옛날 어느 영화에도 장가방인지 손가방인지는 모르나 커다랗게 초상간판을 그려놓은 것을 기억하실 것으로 생각됩니다. 내가 할 수 없음을 남에게 위탁하여, 나의 욕구를 충족합니다. 그리고 대부들은 이것을 기꺼이 실행합니다. 공생共生의 관계는 우열優劣이 없고 선악론善惡論으로 판가름할 수가 없는 것입니다.

　우리가 사는 이 세상은 공생共生의 관계입니다. 그럼에도 마치 혹성인들이 5일장에 만나는 외계인들처럼, 관계설정을 하고 나의 자유自由와 방종을 위하여 남이 희생물이 되어야 함을 암시적 시선으로 쏘아대고 있는 것입니다. 참 자유의 진리를 모르는 자가, 자신의 뜻대로 행할 수 있음을 자유로 착각하고 오판誤判하여 이 세상이 너무도 혼탁해진 것입니다.

구원의 역사를 종교성으로 선회한다면 죄는 내가 짓고, 죄 사함은 상대가 해야 한다고 부르짖는 것이 종교적 구원론이 될 수가 있습니다. 그리고 구원론을 열강하는 훌륭하신 명사名士들은 육법전서六法全書를 통강하듯이 부분적 기술론까지 친절을 베풀어 줍니다.

하나님께서는 우리가 익히 아는 아브라함(Abraham), 모세(Moses), 야곱(Jacob) 등 훌륭한 선지자先知者들을 배출하시었습니다. 하나님과 말씀을 나누는 자者, 말씀을 들을 수 있는 자者, 하나님의 명령을 받은 자者, 이들이 바로 선지자들입니다. 하나님은 왜 모든 이들에게 들을 수 있도록 광장에 모아놓고 일장훈시一場訓示를 안 하시고, 오얏 밭에서 신발 끈 매는 형상의 선지자들을 육성하셨는지 의문이지요.

우리의 의문과는 관계없이 하나님께서는 오늘 이 시간까지도 개별 선택만으로 택하십니다. 스스로 선지자 된 자者는 없었으며 오로지 하나님에게 낙점落點이 되어야 합니다. 물론 하나님의 선택 기준점이 있을 것입니다. 그 문제지를 알고 있는 것은 오로지 하나님

뿐 임으로, 하나님이 출현하시어 만물상을 창조한 이래로, 다급한 인류가 문제의 답을 거듭 연구하여 오늘날 학문적 위치로 자리하였습니다.

피라미들은 피라미들과 같이 하였을 때 가치를 인정받고 피라미로서의 위상을 가질 수 있습니다. 이것을 우리는 종속성種屬性이라고 하며 종속성을 우리는 본질이라고 표현하는 것입니다.

그럼에도 불구하고 자신이 대구멸치인데 복어치어로 착각하고 한평생 위선자로 허상虛像을 좇다가 몰락을 하는 것입니다. 어서 빨리 자신의 본질을 찾아야 합니다.

이 시대는 착각과 분노로 광란을 일으키고 있음에도, 이 광란을 생 이벤트다, 놀라운 잠재력이 폭발이 되었다 하면서 하늘에다 폭죽을 쏘아대고 떨어지는 불똥으로 주변을 모두 태워 버리는 황당한 마귀의 역사를 만들어가고 있는 것입니다. 똑같은 일을 반복하면 달통達通합니다. 달인達人은 선택이 아니고 결과입니다.

공존의 시간 속에 상대성相對性 가치를 인정하고 사랑이란 이름으로 나눔을 행行하면 이 세상은 천국이 될 것입니다.
우리 모두가 천국 건설자이며 천국인인 것입니다.

오늘은 천국날(天國day)을 설교하는 거룩한 천국날입니다. 늘 천국날 천국인이 되시기 바랍니다.

08

뜻대로 이루는 역사

～

많은 이들이 쉼 없이 찾는 것이 무엇인가요?

본인의 욕구 충족을 위해 끊임없이 영적靈的으로 육적肉的으로 활동을 하는 것이지요. 간혹 자신은 그 무엇도 행行치 않는 무극無極점에서 존재한다는 분이 있는데 에너지 원칙에서 벗어난 것이지요.

육肉이든 영靈이든 에너지법칙을 벗어나 존립할 수 없습니다. 창조 자체가 에너지 법칙의 시작이요, 이것이 바로 우주순행宇宙順行의 질서인 것이지요. 따뜻한 봄날 볼 부은 개구리가 바람을 빼면 당연히 "개골" 하고 소리가 납니다.

이 "개골" 소리가 에너지 운동입니다.

많은 이들이 욕구 충족을 위해 진리를 찾았고, 찾아 살펴보니 만족할 수가 없는 것입니다. 그래서 끊임없이 방랑을 하지요. 방랑은 종식終熄되어야 합니다. 하나님은 진리를 어렵게 말하지 않았습니다.

이미 진리를 알려줬음에도 불구하고 도전을 계속하니 순종하라 순종만이 살 길이라며 66권 전체가 빨갛게 물들여져 있는 것이지요. 우리는 지식을 통해 전략과 전술을 단련하고 연마하면서 이 부분이 성공을 이루지 못하고 부족함으로 인하여, 술법術法을 찾기 시작하면서 진리를 만나게 됩니다.

"지음 받은 대로 살아라, 그것이 순종이다. 그리고 견디기 어렵거든 사랑의 묘약妙藥을 사용하여 힘을 얻어라. 그렇게 열심히 살다보면 네 마음에 천국이 열려, 네가 사는 땅이 바로 에덴(Eden) 동산이 된다"며 하나님께서 갖가지 사건(舊約39권)과 사례(新約27권)를 들어 전권(Bible)에 설파하신 것이지요.

우리는 혼히 진리를 찾으려 성자聖者를 만나러 가면서, 진리보다는 그 성자가 위치한 환경에 더 많은 눈독을 들이고 오랜 세월에 형성된 성자의 권위와 진가를 통째로 독식하려 합니다. 그래서 깨진 바가지 어디가나 샌다고 하는 것이지요.

진리는 철학에 기초합니다. 단지 철학은 환경과 시대에 따라 퇴색될 수 있으나 진리는 장구함에도 불구하고 늘 빛나고 있는 것이지요. 태양과 공기가 늘 함께함으로 가치를 인식 못하고 제주도 공기만 좋은 것으로 착각하는 것입니다.

혼돈混沌이란 아랫물이 윗물로 뒤바뀌는 것이 혼돈混沌입니다. 끊임없는 혼돈으로 생生을 마감하는 이들이 많습니다. 이제 마음의 평안을 얻어야 합니다. 그리고 자신의 그릇에 감사해야 하지요. 하나님은 그 감사의 말을 듣고 싶어 하십니다.

09
거룩한 믿음

우리는 흔히들 참 그리스도인(christian)의 믿음은 율법을 무참하게 깨버리고 송충이를 털어내듯 했을 때, 딱딱한 음식을 먹는 성장한 그리스도인(christian)이라 칭하며, "도대체 율법이 뭐냐?" 질문하면 "아직도 율법을 모르느냐? 오늘은 거룩한 주일主日 날이니, 한가한 날 알려 주겠다" 하면서 몸소 율법을 실천해 줍니다.

젊어서 영육靈肉으로 상사병相思病을 앓아 가며 사랑하던 사람들이, 상대의 허점을 발견하면서, 각기 제 갈 길을 선택하고 원수怨讐로서 거듭나는, 마귀의 역사를 증거하게 되지요. 그리고 "하나님 나에게 왜 이런 혹독한 시련을 주시나이까?" 하면서 굵은 눈물을 흘리게 됩니다.

그렇게 기도하다가 아무런 반응이 없으면 "역시 하나님은 없다니까 글쎄? 내가 미쳤지!" 하면서 고민을 끝으로 철학 연구를 결심하게 되고, 골목마다 즐비한 철학원에 기쁘게 등록하며, 철학 연구원으로, 거듭 새롭게 태어나게 됩니다. 그리고 짧지도 않으며 길지도 않은 한 생生을, 그렇게, 바쁘게 살다가 우주의 분진되어 휘날리며 마무리하게 됩니다.

우리는 끊임없는 탈바꿈肉과 거듭남靈을 반복하고 있습니다. 그럼에도 말씀(Bible)속 거듭남은 십자가에 매달려 양손에 못질을 당한 뒤 돌문石門으로 만든 동굴 속에서 3일 동안 있다가, 돌문石門이 스스로 열리면서 걸어 나오는 것을 거듭남/부활(revival)이라 생각하고 있는 것이지요. 바로 이러함이 고정관념固定觀念 율법입니다.

지구에 존립하는 모든 인류는, 영靈으로 거듭나고 육肉으로 거듭나고, 내 의지와 관계없이 영靈과 육肉은 거듭남을 반복하고 있습니다. 이 사이클이 멈출 때 삶生은 종료가 됩니다. 많은 연구가들이 창조주의 사이클을 멈춰보겠다고 도전장을 많이 냈었고, 온갖 괴이한 짓을 많이 하나, 답을 찾는 순간 끝(End)이 됩니다.

스스로 거룩한 이가 찾을 것이 뭐가 있겠습니까? 있음 얘기해 보세요. 거룩함을 이뤘으면 이 땅에서의 소임은 끝난 것입니다. 이 땅 現實界을 사랑하고 애착을 갖는 이者는 거룩해져서는 안 되지요.
우화등선羽化登仙이 뭡니까. 체면에 목을 스스로 맬 수는 없으니, 나비라도 되어 훨훨 날아간다?

이제 우리는 내가 원하는 거듭남(부활)이 필요합니다. 그 놀라운 비밀의 열쇠가 말씀(Bible) 속에 있다는 것입니다. 누구나 아는 그 놀라운 답이, '죄로 시작해서 죄로 끝난다'. 무엇이 죄인지 모르면 성경(Bible)을 100번 정도 읽고 나면 알 수도 있습니다.
그래서 말씀(Bible)은 "선으로 시작해서 선으로 끝내라"라고 권유

하면서, 온갖 실례(Bible 66全卷)를 다 들춰 녹음기처럼 반복하고 있는 것입니다. 이제 선택은 우리의 몫입니다. 악을 택해서 악을 죽이거나, 선을 택해서 선을 살리거나, 양자택일 결단으로 종지부(period)를 찍어야 한다는 것입니다.

선택을 해야 함에도 불구하고 뜨뜻미지근하게 가증스런 눈빛만 게슴츠레 뜨고 있으면, 우리가 원하지 않아도 벼락을 선물한다 했음으로, 거룩한 주일主日 날이면 영광의 기운으로 한반도 땅이 은혜로 충만 되어 영기로 후끈 할 것으로 생각합니다.

10
우매한 자

우리는 늘 자만하고 있습니다. 자신은 지혜자라고, 그러면서 우매자에 대한 독화살을 쉼 없이 쏘아대고 있는 것입니다. 백색白色은 글자 그대로 무無입니다. 오염되지 않은 상태임으로 순수하다고 생각하는 것이지요.

그래서 많은 이들이 백색白色을 선호하고, 백白을 너무도 극찬하여 신성시하며 찬양까지 하는 것입니다. 우매자는 물들지 않음, 순수함의 표상이 되는데, 후천적 지식은 부족하되 창조주(God)가 부여한 기본적 지혜와 인간이 갖추는 기본적 욕구능력은 갖춘 것입니다.

결국 우매자는 반 원시적 상태라 할 수 있음으로, 행악자行惡者는 아닙니다. 지식이 부족하여 죄악을 저지를 수가 없는 것이지요. 창조주(God)가 부여한 지혜는 악을 행行하기 위한 목적이 아니고, 인간이 존립하기 위한 원초적 능력을 부여했기 때문에 선입니다. 악은 인간이 지식을 습득하면서 권익을 위한 목적으로 사용하여 발생된, 결과물로서, 그 원인으로 인류가 몸살을 앓고 있고, 인류가 우매함을 증거하고 있는 것입니다.

물론 말씀(Bible)속에서는 우매자에 대한 경고와 결과적 현상에 대해 많이 나열 되어 있지요. 그리고 절대적 우매자와 가까이 해서는 안 된다고, 그럼에도 우매자가 뭔지를 모르는 인류는 우매자와 동거하며 즐겁게 살고 있는 것입니다.

그렇다고 우매자를 극찬하며 모두가 우매자가 되자는 뜻은 아닙니다. 죄악론의 기초는 할 수 있음에도 행行하지 않음을 죄로 규정

하고, 행行 할 수 없음은 죄목에서 제외한 것입니다. 아담이 아사지
경餓死之境을 피하기 위하여 선악과를 먹었음에도, 동산에서 추방
당했다면 오늘날 우리가 이러한 얘기를 해야 할 의미가 없는 것입
니다.

　그럼에도 불구하고 온갖 구실을 엮어서 자신의 행行을 합리화하
고, 그것을 보호하기 위한 각종 인간의 법칙이 즐비하게 준비되었
으니 벼락을 맞을만한 것이지요.
　오늘도 기상청에서는 벼락이 강림할 계획이 없다고 매 시간마다
기쁘게 발표하고 있습니다.

11
우리가 구하는 것

~

　세상에는 참으로 값지고 귀하고 훌륭한 것이 너무도 많습니다.
　각기 분야 만물상을 볼 때 그렇다는 것이지요. 부족한 이는 부족
해서 슬프고, 풍족한 이는 그것을 지키느라 고생하고 있는 것입니

다. 그래서 창조주(God)께서는 고민을 끝으로 적절한 수위조절 시스템을 개발하시었고 악독惡毒으로 영육靈肉이 황폐할 즈음에는, 무無로 만들어 버리는 놀라운 능력을 행하시었습니다.

그럼에도 많은 이들이 "죽을 때 죽더라도 아나곤다(anaconda)를 삶아 먹어야겠다. 천국문天國門이 안 열리면 미사일을 쏘아서 열고 들어 가야겠다" 하는 것입니다. 파리가 꿀통의 꿀맛을 보면 그 순간부터 죽음의 늪으로 빠져 들어 갑니다. 이것은 진리도 아니요, 특별한 이론도 아닙니다. 당연한 현실적 현상일 뿐입니다.

말씀(Bible)을 한 번 읽고 두 번 읽고 또 읽고 읽었는데도, 내가 해야 할 행을 찾지 못했다면 더 이상 읽을 필요성은 소멸된 것입니다. 말씀이 어려워 행行을 찾지 못한다면, 자신의 영혼靈魂이 사악하다는 것을 증거하는 것입니다. 우리가 찾는 것은 진리입니다. 그럼에도 진리를 어디서 찾아야 할지 모르는 경우가 있습니다.

진리는 자신의 믿음 안에 있습니다. 자신의 삶은 자신이 주인이듯 자신의 진리를 찾아야 제격이 됩니다. 자신의 진리를 타인으로부터 인정받으려 함은 오만이요, 교만이요, 패망의 길입니다.
자신의 진리는 자신만을 구하는 것입니다.

모든 것은 순간瞬間과 찰라刹那에 바뀌어 집니다. 힘겹고 더디게 살아오면서 무뎌져 못 느낄 뿐입니다.

자, 이제 진리도 구했고 행行함도 구하였으니 남은 일은 축복과 영생永生만 있는 것입니다.

12
거룩한 주의날 기도

~

오늘은 거룩하고도 거룩한 주主의 성일聖日을 맞이하여, 형제자매 성도 모든 분들은 각기 지음 받은 그릇대로 복福 받았을 것으로 믿사오니 감사합니다.

그럼에도 불구하고 복福이 부족하거나, 복락福樂 흔적조차 없는 분을 위하여 특별히 기도합니다.

- 우리의 불신不信 죄에서 놓여날 수 있도록,
- 무자비(No agape)의 죄에서 놓여날 수 있도록,
- 증오, 원망, 분노의 죄에서 놓여날 수 있으며,

- 무능과 비열과 가증의 죄에서 풀려날 수 있고,
- 부모에게 불효의 죄에서,
- 형제와 가족에게 의무를 다하지 못하는 죄에서,
- 이웃과 사회에 누를 끼치는 죄로부터,
- 끊임없는 욕심과 거짓의 죄 사슬로부터,
- 불의와 배반과 배신의 죄에서 벗어날 수 있고,
- 무능과 게으름과 색욕과, 식탐과, 허영과 사치의 죄로부터,
- 위선과 가식, 허상의 죄 굴레를 미련 없이 벗어 날수 있도록,

뜻과 의지를 다하고 마음을 다하여 행行하고자 하오니, 전능하신 성령聖靈께서 강림하시어 낮에는 구름기둥, 밤에도 불기둥으로 인도하여 주실 것을 간절 간구 기도하오며 믿습니다.

거룩한 안식일 주主의 날 오늘도 뜨거운 땡삐로 들판의 곡식과 열매를 살찌워 주심을 감사드리며 늘 함께하여 주시니 진실로 감사합니다.

내 이름으로 간구하는 것은 하나님께서, 모두 들어주신다 하였으니 그리스도 이름으로 기도드립니다.

13

인류의 정당성

～

말씀(Bible) 속에 "절반은 불사르고, 절반은 고기 구워 먹고, 몸을 덥게 하며, 나머지로 자기 우상을 만들고 엎드려 경배 기도하며, 이르기를 너는 나의 신이니 나를 구원하라" 하는 성구聖句가 있습니다.

창조물 인성人性 DNA 자체가 조금만 여유로워지면 소돔(sodom) 백성으로 바로 변질變質됩니다. 자타가 인증하고 있는 사실을 되새김질 할 필요가 없음에도 불구하고 "에덴(Eden) 백성(people)이 있으면 올 가을 모여서 운동회 하자"고 고함치고 있는 것입니다.

창조주(God)께서도 일말의 책임론을 벗어날 길은 없지 않을까 생각합니다. 말씀(Bible) 요소마다 "너희는 아무것도 할 수 없는 줄을 왜 모르느냐?" 하였으니, 자연스럽게 모순으로 귀결되는 것이지요. 그렇다고 이 모순들로 인해 말씀(Bible)을 모두 불살라야 할 원인은 되지 않을 것으로 생각합니다.

바이론(Byron:1788.1.22 London)의 시(poetry)나 솔로몬(solomon:왕상 1:11, 대하 1:10)의 시詩篇나, 읽는 이의 환경적 요소로 인해, 솔로몬이 사치와 향락의 주범이 되고, 바이런은 정신병을 앓는 불쌍한 인물로 부각될 수도 있음이지요.

거룩한 날 거룩한 낱말(word)로 거룩히 해야 함에도 불구하고, 불경不敬한 단어로, 숭배崇拜한다는 것인지, 경멸輕蔑한다는 것인지, 매우 애매모호曖昧模糊하게 중얼거림이 모순입니다. 즉 이현령비현령耳懸鈴鼻懸鈴이 되면서 무승부이지요. 단지 보고 느끼는 이의 몫일 뿐입니다.

인류가 이 평범하고 극히 단순한 요인으로, 철제 십자가로 만든 창칼을 들고 무자비함을 실행했었고, 거룩한 날 하나님이 거룩히 안식安息 중임에도, 그리스도(Jesus Christ)가 거룩한 하나님을 친부親삿라 하면서 소란 피운다고, 골고다(golgotha) 언덕에 못질해 버렸습니다. 인류가 얼마나 사악한지 아직도 증거물이 부족한가요?

내 거룩한 우상偶像의 체모를 손상시켰다고 악으로 변론하고, 그럼에도 거룩을 실천했다며 정당성을 주장할 때 모순이 됩니다. 모순이 인류의 정당성입니다. 흑백黑白의 논리이지요. 하늘과 땅이 합처질 수 없음에도 하나로 성통性通해야 한다는 박쥐(bat)론이나 같은 맥락일 뿐입니다.

자신이 화장실이면서, 거름 준 호박밭 거닐며, 코 잡는 거룩한 모습이 모순입니다. 빨리 현실을 직시해야 합니다. 며칠 후면 하지(6월21일)감자 캐서 삶아 먹어야 함에도, 아직도 동창이 밝은 줄을 모른다면 불쌍한 것입니다.

거룩한 날은 불쌍한 누더기 옷 벗고, 거룩한 옷으로 바꿔 입는 날입니다.

14
도둑같이 오리니

～

거룩한 날 거룩한 분이 오는데, 도둑같이 오리라? 훌륭한 변사辯士들은 흑黑을 백白으로, 돌덩이도 금덩이로 만드는 능력을 구가합니다. 그래서 변사이지요.

문제는 귀향길 문전에서 판가름 나니, 문제가 되는 것입니다. 마음속에 도둑이 가득히 들어 있는데 세상 누구에게 하소연할 수 있을까요. 불가不可합니다. 고백성사告白聖事 받는 입장이야 당연히 믿어야 할 것입니다.

우리 모두는 "거룩한 주일主日, 나는 죄 없다, 기쁨 충만 되어 성전에 거하러 가고, 나는 죄가 조금 있으나 성전 입당송入堂頌과 함께 죄사함 받아 말끔해졌다. 성전은 너무도 감사하도다 하며 기도합니다. 성전은 참으로 훌륭한 곳입니다. 성전이 없었더라면 오늘날 이 세상이 어찌 되었을까요? 생각만 해도 끔찍한 일입니다.

오늘도 찌든 때로 범벅된 고물자동차는 샤워장에서 시원히 목욕재계沐浴齋戒하였고, 우리의 죄 또한 말끔히 세척을 당하고 말았습니다. 감사합니다. 누추함이 오래가면 초라한 몰골을 인식하지 못합니다. 아프리카 킨타쿤테(bondman)들은 본인 피부가 검은색임에도, 늘상 흑만 마주함으로 자신이 검은 줄을 모르는 것입니다. 그래서 우리 피부색이 누렇다고, 황색 인종은 상서롭지 못하다며, 매우 경멸하는 경향이 많습니다.

킨타쿤테(bondman)의 착각이나 황색인종 착각이나 동급으로 우열

優劣을 가리기 어렵지요.

내 마음에 도둑이 몇이나 있는지, 오로지 자신과 하나님(God)만이 아실 것입니다.

결국 하나님(God)은 속일 수 없습니다.

나도 빨리 하나님(God)을 만나야 할 텐데, 오늘 거룩한 날에는 만날 수 있을까 걱정이 많습니다.

15
예정의 의미

～

기차는 출발점과 아울러 도착점이 정해졌을 때 '열차시간표'라는 메뉴표를 게시하고 손님들에게 서비스를 합니다.

거룩한 하나님께서 쉬시는 이날에 우리가 새삼 '기차시간표'를 찾는 까닭은 그럴만한 이유가 있습니다. 흔히들 우리는 '진실을 찾아서'라는 주제를 설정하고, 진실하고는 무관한 허망한 논리만 누에가 실 뽑듯 열거하고, 종국에 자가당착自家撞着에 빠져 횡설수설하다가 퇴장退場으로 막을 내리고 맙니다.

 예정豫定을 왜 찾을까요? 예정을 죽기 살기로 연구하고, 실체를 파헤치려는 입장은 초조 긴박 불투명한 미래에 대한 두려움 등 검은 장막이 주욱 펼쳐진 상태일 수도 있습니다. 물론 전문 연구가 연구용일 경우는 학문적 차원이니 논란의 대상이 될 수 없습니다.
 예정이 있는 것이 좋을 듯하면, 예정을 인정하면 됩니다. 그리고 예정된 삶을 열심히 살면 됩니다.
 역으로 예정이 불편하면 없는 것으로 생각하고, 역시 열심히 살아가면 되는 것이지요. "예정이 있다는데 왜 없다고 하느냐 이 불쌍한 중생아" 하면서 협박하며 구박할 필요는 없을 것입니다.

 그래서 각개의 개체철학이 부여된 것이고 '지음 받음'의 진리가 등단하는 것이지요.
 예정의 진리는 희망입니다. 종교와 믿음의 기초이며 철학의 토대이자 삶의 근간이 되고, 우주 만물의 기준 척도가 되는 중요한 근원이 될 수가 있습니다. 누구든지 현실적으로 예정을 확신하려 한다면 언제든지 입증될 수가 있습니다.
 갈라진 홍해(Red Sea)를 건너고, 반석에서 철철 넘치는 물을 마셨음에도, 몽유병 환자처럼 비몽사몽非夢似夢한 의식으로, "모세(mose)야 그대는 내가 죽을 곳이 없어서 나를 이 척박한 땅 광야廣野로 끌고 왔느냐?" 할 때 예정된 벼락이 부담 없이 떨어지고 불살라지는 것이지요.

대 우주속 나의 모습은 나약하고 초라한 존재자일 수도 있습니다. 어느 텔레비전 화면에 무리에서 떨어진 작은 코끼리가, 사자 무리 떼에 둘러 싸여 어찌할 바를 모르는 상황은, '자연이란 참으로 냉정하도다'와 같이, 예정된 것입니다. 부질없는 논리를 내세워 입씨름하며 소일하는 시간이 있다면 시급히 시간표를 다시 작성해야 합니다.

계획이 예정됨입니다.

현시적顯示的 상황에서 다음 시간이 없다면 시간은 멈춰지게 됩니다. 시간이 존재함이 바로 예정豫定이 존재하는 것이지요. 그래서 지혜자智慧者들은 그 예정된 시간을 자신이 원하는 예정으로 화換하려고 많은 노력을 한 것입니다. 내가 노력해서 다 이룬다고 하는 것은, 유년기 성장시대 교육 자료일 수도 있으며, 당연히 초등교육은 그렇게 이뤄져야 한다고 생각합니다.

인류 누구도 자신의 시간을 가지고 있으며, 단지 질량과 부피가 다를 수 있습니다.

오늘 이 시간은 말씀(Bible)속 예정을 허虛와 실實을 논論함이 아니고, 하나님의 예정하심을 설說하는 것입니다.

그리고 예정된 나의 시간을 변화시킬 수 있음을 말씀(Bible)에서 많이 나열하고 있다는 것이지요.

모든 문제는 답을 전제로 형성되었다는 우주의 섭리를 하나님께서 친절하고도 숭고한 인내忍耐로서 인류에게 알려주고 있음에도 그러함 자체를 불편하게 생각하는 인류가 있을 수도 있다는 것입니다. 부담 갖지 말고 편히 무료로 받아도 될 듯합니다.

오늘 이 거룩한 시간은 자신이 원하는 예정시간이 되도록, 마음에 도사린 도둑떼와 감춰놓은 죄악을 부담 없이 몰아내는 시간이 되실 것으로 믿습니다.

16
우리의 성전

～

우주에 존재하는 모든 피조물들은 합당히 지음 받고, 본연의 소임所任을 수행하는 중이며, 이 수행이라는 과정에서 매우 다양한 변수로 희로애락喜怒哀樂을 반복하고, 아비규환阿鼻叫喚으로 빠졌다, 극락왕생極樂往生길로 빠졌다 하면서 선과 악을, 지하철 환승(transfer)하듯 자유로이 넘나들고 있는 중일 수도 있습니다.

역대 현존 포함 시인詩人들은, 나사(National Aeronautics and Space Administration)에서 이미 분석표를 공식 발표했음에도 "야밤에 떠오르는 달만 보면, 떠오르는 시상으로 주체를 못한다"라고 하더군요. 시인들에게는 이글거리며 작열하는 정오의 태양보다, 두둥실 떠오른 보름달이 더욱 훌륭할 수가 있을 것입니다.

성전을 절대 절명으로 찾아야만 하는 절박한 인류가 있는가 하면, 풍요로움과 여유를 만끽하며 거니는 인류도 있을 수가 있는 것이지요. 어느 쪽이 좋겠습니까? 모두가 같은 답을 할 것이라고 생각하면 성급입니다. 중국 후한後漢시대 말 인물 중 허유許攸인지 허생인지, 조조(曹操 155~220) 친구라 하는 자者는 '임금으로 추대하자 귀를 씻었다' 하지 않습니까.

피사체마다 소임所任이 틀림으로 개체별 선택을 할 것으로 생각하고, 우리의 공동관심사 성전은 어디에 있고, 통곡의벽(Wailing Wall) 위에 세워진 성묘교회는 어디에 있을까요? 이곳은 단어만 평화이며 유대교, 기독교, 이슬람교의 성전 쟁탈 투우장입니다. 그래서 더욱 훌륭한 성지순례 성전이 되고 말았습니다.

역설하면 성전을 위해서 유대인, 기독인, 무슬림들이 있는 것처럼 귀결되어 버릴 수 있습니다.

자신의 성전은 자신의 마음속에 자리하고 있습니다. 그리스도가 성전이 되는 것은, 그리스도가 성전이 되었기 때문이지요. 그래서 우리가 바로 성전이 되는 것인데, 자신의 성전은 엉경퀴 소똥 풀밭으로 만들어 놓고, 남의 성전에 가서 멀쩡한 벽에다 이마를 찧어대며 곡을 한다면, 황당한 역사가 되는 것이지요.

세계적으로 명망 있는 역사물들이 있고 이를 개발하여 관광지로 만들며, 명명하여 '자연생태늪지공원', '나폴레옹묘지', '통곡의벽'으로 불리게 됩니다. 열심히 일하고 휴가비 받으면 샌들신고 반바지

차림으로 자유와 낭만을 찾는 관광휴양지가 되는 것입니다. 우리의
성전과는 전혀 무관합니다.

우리의 성전은 그리스도의 정신을 행하여, 세상에 빛으로 발發할
때 성전이 되는 것입니다.

주主께서 설設하셨듯이 "양한마리가 있어 구덩이에 빠졌으면 끌
어내지 않겠느냐?"

황폐한 나의 성전을 청소하는데, 안식일도 괜찮으니 서두르라 하
셨음으로, 시급히 자신의 성전을 번쩍 번쩍 광택 내시기 원합니다.
또한 성전 주소가 틀렸다면 즉시, 본향本鄕으로 주소변경 하실 것으
로 믿습니다.

17
훌륭한 십계명

∼

우리는 간혹, 기독교의 가장 근본이 되는 10가지의 계명十誡命을,
이미 끝나 버린 구약속舊約束의 소산물처럼 생각하게 만들고, 지금

때가 6월 하순으로 접어들어 진정한 더위의 진가를 나타내는 시간임에도, 추수秋收때가 되어 분주하다며 "계율戒律 따위는 논하지 말라, 율법에서 아직도 허우적거리느냐 불쌍하도다" 하는 말을 많이 들을 수가 있습니다.

성경(Bible)에서 계율戒律 어기지 말라고 윽박지르지 않아도, 현대 인류를 관장하는 대부분의 국가에서는 10계명+誡命을 기본법령 안에 포함하고 국가 기강을 세우고 있습니다. 그럼에도 불구하고 "율법 논하지 말라 할 수가 있나요?" '스스로 사도 된 분'이 주장하는 율법저주론을 아직도 해독을 못하고 있으니, 추후 덧붙이기로 하고, 이 시대에 공존하고 있으면서, 당대當代의 법령과 통속 관습법을 가벼이 생각하고 행行함은, '율법저주론자'와 동격同格이 되지 않을까 생각합니다.

그래서 교황이 눈 부릅뜨고 있는 나라에서는 '로마에 오면 로마법을 지켜야 하느니' 하는 것 같습니다.

형이상학形而上學을 연구하고 몸소 실천하는 처지라면, 드높은 이상을 추구하는 입장이 되는 격이니, 율법 따위는 완성을 하여, 뛰어넘어야 하지 않을까 생각합니다.

율법에서 자유롭지 못한 처지에 사랑으로 세상을 밝힌다는 것은 불가 할 것입니다. 율법은 반드시 통과해서 자유로워야 할 것입니다. 그래야만 그리스도께서 이 땅에 온 소명召命이 증거되는 것이지요. 10계명 외에도 해야 할 일을 못해서 죄로부터 자유롭지 못한데, 10계명마저 벗어나지 못한 처지라면, 더욱 분발해야 할 것으로 생각합니다.

종교인이란 무종교인이 생각하지 않은, 영적靈的 부분까지 삶의 시간에 배려를 한 것입니다. 즉 종교, 신앙, 믿음이란 구호를 외치며, 동물적 삶에서 영적지능靈性을 더하여 딱딱한 세상을 더욱 부드럽고 평안하게, 식빵으로만 살 수 없음을 증거하면서 소망과 사랑을 만들어내는 에너지 원源이 되는 것이지요. 그러니 독화살, 창칼이 될 수 없고 무武하고는 무관하다는 결론이지요.

그래서 그리스도께서 스스로 십자가(+)에 매달린 것이지요. 행行한 것입니다. 기독교는 논리나 이론이 아닌 행行하여 증거하고, 열매 맺어 이웃과 나눔으로 평화와 행복을 함께하는 것이라 할 수 있습니다.

18

치료제治療劑

이 시대는 지식과 물질로 가득 차 있습니다. 우리가 머무르는 시대를 기준으로 합니다. 뭔가 부족하고 아쉽고 그래서, 구하며 찾으며 길을 향해 멀고도 긴 길을 떠나 왔고, 오늘도 쉼 없이 여정은 계속되고 있을 것입니다.

말씀(Bible)에서는 선과 악을 매우 중요시했고, 만사근원萬事根源으로 설說하고 있으며, 선과 악의 발생과, 선과 악에 대한 상대적 반응과 결과, 그리고 선과 악의 논리를 차원적으로 다양하게 설說하고 있습니다.

결국 믿음의 기초가 선과 악에서 발생되는 것이며, 이 선과 악으로부터 자유로워질 때 믿음이 완성된다고 하는 것이지요. 너무도 간단하며 단순한 논리적 말씀입니다.

내가 악한데 누가 선으로 응대할까요?

자신은 부정인데 누가 긍정으로 응대할까요?

나는 어둠인데 누가 밝음으로 응대할까요?

아가페(agape)가 인류의 적敵으로 변한지 오래 되었으며, 사랑을 나누라 하니, 오류가 발생될 수밖에 없는 것이지요. 그러면서도, 위선이란 보자기로 덮어놓는 것이며 그리고 누군가 밟게 될 것이며, 즉시로 멸망의 나락으로 떨어지고 말겠지요.

어느 시대나 치료제는 늘 존재합니다.

우리가 찾는 것은 치료제가 아니라, 선택입니다. 선을 택하고 선을 가꿔 열매 맺어 무상으로 나눠주는 것이지요. 악의 길을 가면서 계속적 마약과 쾌락을 쌓아가면서, 적절한 시간마다 검은 망또로 한 번씩 휘감는다고 악이 소멸되나요?

"주主여 나를 구원하소서"라고 목 놓아 통곡한다 해도, 주主로부터 응답은 묘연할 것입니다. 자신의 시그널이 악인데 선에 존재하시는 주主께서 응답하실 수 없음을 모두 알고 있습니다. 그러나 이것을 잊고 싶은 것이며, 기억하고 싶지 않은 것입니다. 눈 감았다고 세상이 사라지는 것은 아니니, 해답의 열쇠는 아닙니다.

우리가 문득문득 주主를 찾을 때는 감사한 일로 찾아야 합니다. 자신 마음 위로 받기 위한 외침은 메아리일 뿐입니다. 우리는 이제 냉정히 판단해야 하고, 선택해야만 합니다. 선을 택하고 악을 행行 하거나, 악을 택하고 선을 행行하면 가증스런 것이 되는 것이지요.

지구인들이 가장 많이 반복하는 것이 거짓과 욕심이지요. 작은 거짓으로부터 큰 욕심까지, 일정의 선을 경계로 국가를 통치하는 법령에서는 적절히 형벌로 다스리고 있습니다. 신앙과 믿음은 타협 이 아닙니다.

그럼에도, 자신과 집단이 적절히 타협하며, 즐거움과 위로의 도 구로 사용되고 있는 것입니다.

지구의 형제자매여, 자신의 참 삶 진리를 찾아, 시간을 배려해야 합니다. 자신의 선과 악을 변화주고, 결정을 해주며, 책임져주는 이 는 없습니다. 오로지 자신의 몫입니다. 나의 죄는 기도로 사함되는 것이 아니며, 선을 행行할 때만, 죄는 소멸되는 것이니 행行함 만이 구원이 됩니다.

선을 행하지 않으면 악이 되는 것입니다. 악을 행行하지 않으면, 선이 되는 것이 순리입니다

낮에는 태양, 밤에는 달과 같이 선과 악은 함께할 수 없습니다. 죄를 죄인지 모르는 이를, 말씀(Bible)에서는 짐승이라 칭하고 있습니다.

행行함이 쉽다면 이처럼 눈目에 힘주고 고함치지 않을 것입니다.

구원 길은 선을 택하고 행行함이니, 거룩한 주일 결정되었을 것으로 믿습니다.

19
지구상 평립平立 인간

～

우리의 목적은 고행苦行이 아니며 순행順行입니다.

하나님께서 인간을 창조할 때 땀 흘려 밭을 일궈야만 먹고 살 수 있도록 하지는 않았는데, 스스로 선택한 것이지요. 묵직한 걸음걸이로 번뇌의 두골頭骨을 힘겹게 세우고 있는 모습을 즐겨하실 리 없을 것입니다.

그렇다고, 모두모두 스트리킹(streaking) 차림으로 대로를 달려 보자는 것은 아닙니다.

참 목적을 알고 생生을 맞이하면 축복의 삶이 되는 것이고, 쓰임의 목적을 읽지 못할 때 불행은 잉태되는 것입니다.

금金은 닦을수록 광택이 날 것입니다. 철鐵은 닦았다 해도 바로 녹으로 덮이게 되지요. 본질적 쓰임과 목적이 다르기 때문입니다. 이 기본적 사실과 현실을 우리는 망각하고 착각하는 것입니다.

우주(cosmos)에서 우리는 지구상 평립平立 인간입니다. 직립直立인간은 북극맨(北極man)들이고 역립형(逆立type)은 남극인들이 될 것입니다. 거꾸로 매달리듯 걸어 다니는 처지에 자신들은 하늘을 우러러 부끄럼 하나 없는 직립인간直立人間으로 우주의 절대자이며, 선택받은 종種이라 하며 횡설수설 하는 것이지요. 이것이 바로 착각입니다. 물론 이마저도 우주론宇宙論에서 볼 때 그렇다는 것이지, 창조론創造論적 사실로는 직립도 평립도 역립도 없습니다.

하늘을 붕붕 나는 파리가 바르고 거꾸로 옆으로 없습니다. 오로지 본인 시야만 볼 수 있는 인간들이 그렇게 명명命名하는 것입니다. 바로 이와 같은 사고로 종말론자終末論者가 나왔는데 말씀(Bible)에서는 늘 있어왔고 많이 행해진 종말終末 행사行事들입니다. 그럼에도 매우 특별한 것처럼 눈썹을 치켜세우며 야단을 하고 있는 것입니다.

지음 받음대로 하늘의 뜻을 거역하지 않고, 순리를 추구하며 살아가는데 종말終末이 임한들 뭐가 불편합니까? 종교는 정치이며 신앙은 자신들의 욕구 충족을 위한 목적물이 될 수가 있습니다. 결국 믿음 안에 진리를 만나지 못하면 물거품 되는 것입니다.

가진 것을 모두 내려놓는 것이 무소유無所有이지, 많이 취하려 했는데 절로 가난한 것이 무소유 진리가 아님과 같이, 세상을 맘껏 휘젓고 살라고 명命한 것이 아닐 수도 있습니다. 늘 겸허하고 진리를 추구하며 선을 행行하면서, 새로운 시간을 거룩히 맞이할 때, 주主께서 함께하시는 시간이 될 것이라고 생각합니다.

20

누구를 위해 존재하는가?

~

헤밍웨이(Ernest Hemingway | Ernest Miller Hemingway)는 '누구를 위해 종鐘은 울리는가?'라고 했습니다. 목적이 있어서 울린 것은 확실할 것입니다. 바람에 휘날려 울리지 않았음은 분명하니까.

일주일간을 천년처럼 보낸 이가 있는가 하면, 눈 깜짝 시간처럼 보낸 분도 많을 것입니다. 누가 옳은지는 각자의 몫이며, 오늘 이 시간 주제主題는 내가 왜 살고 있느냐? 그리고 거룩한 주일主日을 맞이하여, 누구를 위해 거룩한 성전에 앉아 있느냐 하는 것입니다. 오랫동안의 관습에 젖어 김유신이 타고 다닌 자동 말처럼 오신 것은 아닐 것입니다.

오늘날 이 문제를 연구하는 이도 없을 것이며, 연구해서 답을 찾은들 호박밭에 거름으로 쓸 수도 없으니 부질없는 짓이겠지요. 기왕 더덕더덕 붙일 바에야 그럴듯하게 붙여대는 것이 정답입니다.

70억 인류는 다 이유가 있어 존재하고, 그 목적적 쓰임에 따라 지음 받고, 훌륭하게 존재하고 있습니다.

그럼에도 불구하고 여타한 이유로, 존재가치가 소멸되어 슬픈 삶을 살고 있으며, 밝은 대낮임에도 뿌연 밤안개 같은 시야로 슬픈 태양을 노려보는 이가 많다는 것입니다.

그리고 우리는 그들을 이르러 지구를 떠나야하는 나사(National Aer - onautics and Space Administration)의 우주인들이라 명하고 있습니다.

아울러, 누구나 언제든지 우주인들이 될 수가 있는 것입니다. 내가 누군가를 위해 존재한다면 눈빛이 흐려질리 없고, 감사 안 할 수가 없습니다. 내가 내 존재 가치를 잃을 때가 문제인 것이지요.

우리가 매일 반복하는 일상이 똑같은 일상이 아님을 누차 시사했습니다. 그럼에도 불구하고 똑같은 날 시계추처럼 오락가락 한다고 하는 것입니다. 중국을 보세요. 13억:1의 높은 경쟁률 속에서도 씩씩하게 존재하지 않습니까.

우리의 모든 것을 주께서 관장한다고 믿습니까.

믿어서 도움되시면 믿으면 됩니다.

옆집에서 강릉 간다고 자신도 경포대 가면 안 됩니다. 나는, 우리는, 창조주(god) 뜻에 따라 이 땅에 왔으며, 창조주(god) 실수로 덤으로 지음 받은 이는 없습니다. 우리는 언제나 바르게 가야하며, 진실을 추구하며, 담대한 자세를 유지해야 합니다.

창조주(god)의 뜻이니까. 그럼에도 순종하지 않으면 창조주(god)와는 무관한 것입니다.

오늘 부족함은 내일 풍요를 기약한 것이니 부족함은 축복입니다. 축복된 삶을 불행한 삶으로 결정하고, 고통스럽게 사는 것은 자신의 몫입니다.

우리가 이 시간 숨을 쉬고 존재함을 감사하면서 기도하리라 믿습니다.

21
구원 받음이란

배고프고 헐벗고 추위에 더위에 허덕이고, 병마病魔로부터 혹독한 고통, 자신의 의지와 관련 없이, 정신이 황폐해져 혼절의 문턱에서 헤맬 때, 고통의 십자가(+)에 짓눌려 영육靈肉이 곤고한 나머지 가치를 상실했을 때, 그 무엇인가에 의해 또는 동기를 부여받아 벗어날 때, 우리는 구원 받았다고 표현합니다.

그럴 수도 있습니다.

고통의 멍에에서 벗어났는데 당연히 구원됨이지요. 그러나 구원의 역사는 변함이 없을 때 정의된다는 뜻입니다. 즉 상기에 열거된 내용들은 언제든지 되풀이 될 수 있습니다.

욥(Job)이 가지고 있는 환경적 요소는, 있는 것도 없게 하고 없는 것도 있게 하는, 전능한 하나님(god)이 자유자재로 행行함 차원이니, 임시방편 구제 역할이 되는 격입니다. 그러나 욥(Job)이 가지고 있는, 하나님을 향한 '절대적 믿음'이 구원이 됩니다.

주主를 향한 '순종과 믿음'은 하나님(god)께서도 줬다 뺐었다 할 수 없는 영역으로 창조주(god)께서 스스로 정한 법칙이 될 수가 있습니다. 욥(Job)의 진리는 많은 내용을 열거하고, 읽는 이者로 하여금 혼란스러울 수도 있으나, 종국적 결론은 욥(Job)이 가진 모든 것을, 하나님께서 자유자재로 할 수 있었으나, '순종과 믿음'의 진실 영역은 창조주께서 최종 판결의 기준으로 삼으셨다는 결론입니다.

　그러니 잘살고 못사는 것이 하나님의 구원 전략과는 멉니다. 단지 하나님이 각 개체별 '믿음의 심판'에 따라, 열심히 구걸해서 감춰놓은 쌈짓돈도, 종이 갉아먹는 바이러스를 보내서 소멸되게 만든다는 내용이지요.

　역설적逆說的 내용은 모두 해독이 되셨을 것이고, 믿고 못 믿고 이것이 바로 문제인 것입니다. 믿으려니 불안하고, 안 믿으면 손해 날 것 같고, 그래서 많은 이들은 노력한 만큼 거둬들이는 것이 법칙이라고 말을 합니다.

　자연의 법칙은 자연의 법칙안에서 순종하고 동요되었을 때 적용되는 법칙입니다.
　이에 준한 증거물들은 과학적으로 현실적 어마어마한 자료로서 현존 보관되어 있지 않습니까.

　방종하면서 자유를 주장하고, 거짓으로 무장하고 거룩한 듯 위장함이 가증이요. 나는 백색白色이다 하면서 검은 물감을 뿌려대면 사망의 길로 가는 것입니다.

오늘 거룩한 주일土日에 자신의 '순종과 믿음'이 순도 % 인지 진단하셔서 결정하시기 바랍니다.

'순종과 믿음'의 순도 % 진단은 오로지 자신만 가능합니다.

22
최후의 오 분전 비장한 인류

~

내가 원하는, 우리가 바라는 각 세상이 있습니다. 그러나 그러한 세상이 없으니 홀로라도 원하는 것을 해결하기 위해, 각종 기괴한 방법을 찾게 되고 행行하게 됩니다.

모두가 성공하실 것으로 믿습니다. 그런데 오늘날 우리가 믿는 하나님(god)은 참으로 편안한 하나님(god)이라는 사실이지요. 그 무엇을 하든 덤덤하시니 편안함의 대명사입니다. 사실 말씀(Bible)속 하나님(god)은 나의 부모나 선생처럼, 크고 작은 일에 세심한 배려와 마음 씀이 있었지요.

물론 말씀(Bible)은 시대적時代的 격차가 있어 사상과 환경 등이, 당대의 철학적 가치가 다름으로, 오늘 시각時刻으로 볼 수가 없고, 단지 말씀(Bible)속 진리를 찾는 것이며, 진리를 온전히 사랑하여, 진리 실천자가 되는 것이 목적이 될 수가 있습니다.

그럼에도, 찾는 목적이 불분명하고, 찾는 방법 또한 투명치 않으니, 대중철학종교인大衆哲學宗敎人으로 세상이 전하는 습성習性인, 세습적世習的 믿음을 갖게 된다는 것이지요. 물론 품위와 환경을 위한 치장용으로 사용됨은 예나 지금이나 변하지 않는 불변不變의 목적물일 수도 있습니다.

화가가 화폭에 붓질을 할 때, 크로키(croquis)=스케치(sketch)와 같은 맥락脈絡은 아니지요. 칠하고, 칠하고, 또 칠하고, 흡족할 때까지, 흐리고, 밝고, 누렇고, 시간 죽이기를 반복하다가, 한 시점으로 화가는 붓을 놓고, 깊은 휴식에 들어갑니다.

그리고 우리는 처음 보는 캔버스(canvas)에 칠해진 물감 두께가 묵직함에, 화가의 고뇌에 연민 당하면서, 삭막한 나의 마음과 에너지 사이클이 연결되고, 감동 감화를 받아, 탁한 영靈이, 맑은 혼魂으로 귀환歸還되는 것이지요.

시간禮拜이 되었음으로, 찾는 시간謁見이 되어서는 안 됩니다. 우리가 행行하는 과정이 화가의 과정이며, 붓을 놓지 않고 최선을 다하고 있을 때, 다음 시간은 정定해지는 것입니다. 자신이 잘못 칠한 색상은, 선택한 색상으로 다시 칠함으로 색이 바뀌는 것입니다. 당연히 인고忍苦의 시간을 배려했을 때만 가능하겠지요.

홀로 달려감은 쉬이 지칩니다. 그러므로 함께할 동역인同役者과 더불어 격려와 찬사로 의욕과 용기를 북돋워 주는 것입니다. 우주 속 지구 바로 이 땅이, 동역인의 땅입니다. 그래서 함께해야 할 이유가 있는 것이며, 그 가치가 부여된 것이지요.

늘 최후의 오분전에 시간 맞추고 살아가는 비장한 인류가 많습니다. 늘 먹는 밥을 이 시간 마지막 밥이 될지도 모른다 생각하면 주어진 시간을 감사할지도 모릅니다. 희망과 미래는 오늘 시간을 충실히 했을 때 보장됨이지, 오늘 뿌린 씨앗이 없는데, 어디서 수확秋收을 할 수 있을까요.

선의 씨를 뿌리고, 진실의 노고를 아끼지 말며, 주어진 시간에 감사함은 구원을 받은 것입니다.

23
괴로움의 근원지根源地

~

　다람쥐는 다람쥐 쳇바퀴를 모릅니다. 다람쥐 쳇바퀴와 무관한 인간人間이 다람쥐를 위하여 만든 것이며, 끝없이 달려도 영원히 도달할 수 없는 여정旅程길이 다람쥐 쳇바퀴 길입니다.

　다람쥐가 쳇바퀴의 비밀을 알게 된다면, 이미 다람쥐는 아닙니다. 쳇바퀴의 답을 구하는 날 다람쥐는 주인장의 시야視野에서 이미 사라졌을 것입니다. 그리고 다람쥐는 우주의 괴물로, 불행한 여정旅程을 맞이해야 하는 불쌍한 다람쥐가 될 것입니다.

　오래전 기억 중에 "웬 갈매기가 바다를 여유 있게 날면서, 고기를 잡아먹어야 하는데, 잡지 않음은 물론이며 배가 고픔에도 참아가며, 높고 높은 하늘을 향해 연신 올라갔다가, 전투기 기습 공격하듯 곤두박질 하강을 해대며 희열을 느끼고, 나날이 비상飛翔하면서, 비장한 비행술까지 개발하여, 일단의 갈매기 대 비행술 실행발표 성공을 하며, 근엄하고 품위 있는 자태로, 수면위에 떠서 떠오르는 고기 찾느라고 눈 빨개진 갈매기들을 불쌍히 내려다보고 있음이 얼마나 위대하냐. 갈매기 그대여 위대하도다." 조나단(Jonathan)인지 리빙스턴(Livingston)인지 책에 서명이 되어 있었습니다.

희대의 바람잡이란 바람도 없는데, 태풍 온다고 그리고, 갔다고 말하는 것입니다.
물론 소비에트연방의 가가린(Gagarin)이 비행술 연습하는 과정을 재미있게 묘사했을 수도 있습니다.

문제는 상대방은 목적을 수행하느라 열심히 최선을 다했는데, 정작 삶의 주인인 당사자는 남의 삶 시간에, 절로 굴러가는 쇠똥에 박힌 돌처럼 묻혀가고 있음이 문제입니다.

오늘 이 시간 우리는 나만을 위한 시간이 아닌, 내가 존재함에 주변이 평온과 축복도 함께하는 시간이 되어야 함에도, 괴로움의 근원지 역할을 하고 있다고 생각되거나, 또한 그렇게 분류되어 있다면 오늘 답을 구해야만 합니다.

말씀(Bible)에서는 우리를 지음 목적이 쓰임에 따라, 합당이 부음받았다는 것이지요. 오늘날 우리 모두는 자신의 훌륭한 소명을 수

행 중에 있음입니다. 단지 수행 중에 하나님(god)께서도 근접치 않는 마음을, 어떤 형상形象으로 만들고 있느냐입니다.

결승점 종착역의 몰골은 바로 마음으로 생각한대로, 종말장에서 볼 수 있게 됩니다.

이 존재 가치자들은 홀로(single)의 프로그램은 없으며, 반드시 연관성聯關性으로 구성되어 있음 또한 중요합니다.

불도佛徒가 아닌지라 잘 모르나, 절집 수도승은 그 연관된, 인연을 절단絶斷낸다며 수도修道한다 들었습니다.

모두가 목적적 쓰임에 따라 행行함이니 모두 성공할 것으로 믿습니다.

24
길道이 영산포인지 구룡포인지

≈

우리는 흔히들 증거하고 확인하며 도마(Thomas 요:20)후손 표징을 즐겨 합니다. 그러나 증거론에 집착할 이유가 없을 것이며, 웅담熊

膽은 웅담으로, 우황牛黃은 우황으로 뱀의 지독한 독은 명약名藥으로 그렇게 이용하면 됩니다. 황달 걸린 우牛의 이력과 역대 소牛 조상들의 성분을 조사하고, 우황의 질과 효능을 인정한다 함은 본질이 변질된 것입니다.

모든 결과는 원인으로 나타난 현상이요 표상이라 했는데도, 자신의 현 실상은 자신과 무관하다 하면서, 남의 증거는 열심히 확인하고 검증하려 하지요. 이 얼마나 영악한 현상입니까. 더욱이 이 사악한 지혜를 전수하며 역량을 배양해주는 교육체, 훌륭한 인재양성소가 있다함은 어찌되나요. 그래서 패망으로 가는 인류라 칭하는 것이지요.

사회 구조가 편익주의便益主義에 근거 발생되고 있음이 현실이지요. 미식축구공은 어디로 튈지 모르는 마력魔力으로 열광한다지요. 그러함에도 그들은 매우 합리적이다. 우리 모두는 길이길이 본받자 외치던 시대가 있었습니다. 지금도 영어로 끝장내자 하며, 한국에 살면서도 영어로 말하지 않습니까.

편익주의는 고약한 주의입니다. 멀쩡히 서서 가는데 한줄 비켜 급한 분을 위해 비워놓자 해놓고, 어느 날 갑자기 두 줄로 서 있어야 한다는 것입니다. 이유는? 기계가 잦은 고장으로 심각하다입니다.

신형 전동차(metro) 선뵈던 날 무거운 가방 들고, 올리려 보니, 선반이 없어져 버렸지요? 가방 없는 분이야 선반이 있었는지 없었는지 관심조차 없었겠지만, 이것이 편익주의입니다.

창조를 안 믿으면 벌금으로 다스린다 하면 문제가 됩니다. 석불石佛에게 돌불이라 칭한들 문제될 게 있나요? 아무런 문제없습니다. 창조주가 만물상을 유효 적절히 합리적 가치와 의미를 부여하고 그에 걸맞은 역할을 하도록 했습니다. 물과 공기, 들판의 곡식을 인류는 무료無料로 사용하는 것이지요, 유지 관리 목적상 거둬들이는 비용은 창조주 몫이 아닙니다.

얼마나 감사합니까. 모두가 창조주 피조물인 나무 베어서 온돌 덥히고, 밥 해먹고, 집 짓고, 십자가(†) 만들고 목불木佛 만들고 그렇지 않나요. 모두가 알고 있는 바 당연한 것을, 창조주 없이 자연발생이라 하면서 티끌론으로 가실 분은 티끌론으로, 창조주의 감사가 필요한 분은 창조론으로 그렇게 하면 됩니다.

내가 보고 알지 못했다 하여, 있는 것이 없어지지 않으니, 걱정

분노하지 않아도 될 것으로 생각합니다.

　단지 어느 쪽을 택하던 참 진리의 길을 선택해야만 하며, 우주 속 자신의 목적적 가치를 인정하고, 깨우쳐야 한다는 것입니다.

　말씀(Bible)은 짐승의 무리가, 인간으로 거듭나서 행복한 공동체가 되라고 많은 친절을 베푼 것입니다.

　내가 인간이라 칭해도 하나님 입장에서는 금수禽獸일 수도 있으니, 스스로 증거해야만 합니다. 그러므로 이 우주는 공동체가 되는 것입니다. 공동체는 평화요 자유며 행복을 의미함입니다. 내가 가는 길道이 영산포인지 구룡포인지 구분 안 되면 빨리 하차하여 확인하면 됩니다.

25
다윗 됨을 알게 해주었으니

～

　우주의 신비 법칙에 관한 한 인류가 답을 얻을 수 없고, 그렇게 구성되어 있지 않음을 알아야만 합니다.

내가 살고 있는 울타리 안으로부터, 문제와 답이 공존하고 있음으로, 멀리 이국異國 땅에서 구하려 함은 우매함이 될 수가 있습니다.

하나님(god)이 아담의 갈비로 이브(eve)를 창조하시고, 가장 근척에 머무르게 하면서, 시험을 하시었고 불순종의 선물도 듬뿍이 주시었으며, 고난의 십자가를 벗는 길 또한 안내함으로 소임을 다 하시었지요. 말씀(Bible)속에 불순종자의 결과를 무수히 나열하며, 증표 또한 이 땅에 많이 뿌려 놓으셨습니다.

그리고 선과 악, 약藥과 독毒, 밝음과 어둠의 오묘하고도 절묘한 순행의 법칙과, 조화의 진리를 누구나 알 수 있도록, 알아야만 하도록 정定하여 놓은 것입니다.

인류 원조가 아담이 되는데, 물론 유대족의 조상은 아브라함(Abraham)이라고들 합니다. 아담은 일하지 않고 무위도식無爲徒食하면서, 정신까지 피폐해져 결국 하나님(god)의 덫(law)에 걸려, 쫓겨나 패가망신한 사건, 후손들 살생殺生으로 인하여 멸문지화滅門之禍를 당하다가 가까스로 종족種族 보존을 하게 됩니다.

거룩한 날 거룩히, 거룩한 말씀(Bible)으로, 거룩한 말만 해야 함이 고전古典이며, 의례적이라 표할 수 있습니다. 우리는 오늘 찾는 것이 전통의식傳統儀式이나 의례依例를 행行함이 아닌, 우주의 분진으로 왔다가 티끌로 날려갈 운명의 시간 속에서, 시급히 광야로 떠나야하는 야곱(Jacob)족들과 같이, 여유롭지 않을 수 있다는 것입니다.

각자가 생각하는 구원이 있습니다. 심 봉사는 딸을 재물삼아 눈을 떠야하듯 절대절명의 구원사救援事가 있습니다. 바로 이 순간 자신이 우주속의 역할과 목적을 알아야 한다는 것입니다. 심 봉사, 다윗, 솔로몬, 에레미아, 이시야, 야곱, 요셉, 룻, 롯 이들 모두와 70억 인류는 우주 속 단 한명에 불과하다는 것입니다.

비슷하다고 동일하지 않습니다. 우주 속에 유일한 존재자들, 히틀러(hitler)는 종種이 유태인이라는 이유로 아브라함(Abraham)의 후손들을 하등동물로 분류시켰습니다. 히틀러 역시 종種은 인간이지만, 금수禽獸로 격하된 프로그램이 설치된 생물체가 될 수 있습니다. 역대 전쟁광戰爭狂들 전사시대戰士時代 당대는 명장名將이요 명품이지만, 인류의 치명적 적敵일 수가 있습니다.

우리는 흔히 다윗(David)과 골리앗(Goliath)의 대결을 매우 흥미진진하게 말합니다. 우리 모두 다윗처럼 그리고, 자신이 골리앗이라 생각하는 이者는 한 명도 없이 매우 만족히 생각하고 성경(Bible)은 나에게 중요합니다. 왜? 내가 다윗(David) 됨을 알게 해줬으니까.

착각은 패망으로 가는 지름길입니다. 소크라테스(Socrates)는 우주 속 자신의 존재를 깨달은 것입니다. 그래서 자유로웠던 것이지요. 카네기(Carnegie)나 록펠러(Rockefeller)처럼 대부호가 아님은 분명합니다.

우담優曇인지 바라婆羅인지가 식물계 대부代父가 된다면, 지구에 즐비하게 우거진 숲은 어떠한 격格이 되어야 할까요? 사막에 야자수가 살고 있는 이유가 있고, 풍차나라에 방풍림이 존재하는 까닭이 있는 것이지요.

빈곤하니 빈곤해서, 풍요하면 풍성으로, 많은 인류는 근심걱정으로 밤잠 낮잠 모두 못 이루어, 부엉이 신세를 면치 못하고 있습니다.

그래서 범사凡事에 감사함으로 믿음을 완성해야 합니다.

26

알래스카(Alaska) 백곰

~

평안하셨는지요.

날씨가 더우니 수박도 드시고 얼음 담긴 물통에도 담기었다가 나오고 그렇게 보내셨으리라 믿습니다.

그런데 수박도 살 수 없고 얼음도 없다니 안타깝습니다. 유전有錢이나 무전無錢이나 이구동성異口同聲으로 모두가 외치기를 "돈이 좋은 세상이 왔다. 시급히 돈 사냥하러 가자"고 합니다. 오늘만 좋음이 아니고, 인류는 최초부터 작금까지 최상으로 여기고 있습니다.

그럼에도 불구하고 돈이 인간을 망칩니다. 돈에서 해방되어야 천국을 갈 수 있다 말하지 않습니까.

모순이 없는 세상은 증류수(distilled water)와도 같아서, 아무런 의미를 부여할 수가 없습니다. 결국 모순은 모순으로 끝나지만, 변증辨證은 모순을 조합하여 새로운 기형물을 만들게도 합니다.

말씀(Bible)에 보면 [전10:20] "심중에라도 왕을 저주하지 말며 침실에서라도 부자를 저주하지 말라 공중의 새가 그 소리를 전하고 날짐승이 그 일을 전파할 것임이니라". 만일 이렇게 된다 하면 목숨은 풍전등화風前燈火가 될 것이요. 결국 왕과 부자는 단두대가 됨으로 기득권旣得權의 표상물이 된 것입니다.

이처럼 돈과 권력의 훌륭함을 극찬하였으니, 인류는 돈 쟁탈전으로 이 시간도 무더위를 잊고 무아지경無我之境인 것입니다.

"세상을 사는데 별난 비법이 있다고 알려주고 주장" 하면 모순이 됩니다. 아울러 "세상은 될 것도 안 될 것도 없으니 그런대로 한 세상 사시구려" 하면 시인詩人이 됩니다.

또한 "세상은 괴롭고 슬픔의 수렁이다 어서 빨리 되돌아가자" 하면 염세주의厭世主義가 되게 됩니다.

오늘 우리가 찾고 찾아야만 하는 것은 무엇인가요? 오로지 하나님(god)만을 찾아야 합니다. 왜냐하면 감사를 해야 하니까. 가을 운동회 때 달리기 1등을 하고, 붓글씨 상장과 연필 한 타스를 받았는데 자랑할 곳이 없다면 무척 섭섭할 것입니다.

말씀(Bible)은 "주어진 모두에 감사하라, 환경적 변화에 순종純宗하고, 이웃과 민족과 인류에게 사랑을 실천해야만 한다"고 역설하고 있습니다. 그럼에도 마이독경馬耳讀經인지 우이동풍牛耳東風인지 도

무지, 해석이 안 되는 것이지요.

더욱이 해당도 없는 계시록(Revelation) 성구 나열하면서 난장판 만들고, 그 과정을 '귀하고 귀하다'하며 매우 만족스럽게 고차원 믿음을 유지한 품격자처럼 흐뭇해 한다는 것이지요.

순리順理란 진리입니다.
토끼가 앞니를 갈고 닦아 송곳처럼 만들고, 사자와 혈투를 한다면, 말세(the end of the world)라 하고 표적標的들이 나타난다 할 것입니다. 진리를 찾는다며 이 무더위에 이열치열以熱治熱 상통법相通法을 실행한답시고, '더더 덥게'를 외치며 고행苦行을 자처해도 찜질방 효과 이상은 없을 것입니다.

허상虛像이란 순리順理에서 벗어나 곤두박질치는 메뉴(menu)를 말함입니다. 이 시대는 '허상시대' 벼룩의 간을 빼내어 알래스카(Alaska) 백곰 같은 괴물들이 웅거하며, 세상을 지배하는 시대입니다.
문제는 어느 누구도 자신이 벼룩이라고 생각하지 않기 때문에 일어나는 일들입니다.

27

동묘 관우 장군

❧

우리는 흔히 '있거나 말거나'란 단어를 많이 사용합니다. 참으로 신통치 않은 상태의 대표적 표현입니다.

그런데 착각을 누차 설說하였듯이 자신은 고상과 우아로 품위를 유지중임으로, 인물을 만날라치면 그럴듯한 존재를 만나야 한다며 "주여 보내 주소서… 보내 주소서…" 하면서 고함을 질러댑니다.

유유상종類類相從이라 토끼 골에는 토 선생들이, 나일(Nile)강에는 악어 떼가 운집해 있습니다. 문제는 답을 전제로 한다고 하니까. 동묘東廟 관운장(관우: 關羽 ? ~ 219년. 중국 후한 말의 무장) 혼령을 만나야 한다며 요사스런 몰골로 해괴한 놀이마당을 하면서, 동묘 관우 장군과 관련 없는 우주괴물 혼령 흉내 내면 안 되는 것입니다.

진리의 믿음이란 표적 믿음이 아닙니다.

증거, 확인하면서, 믿음, 신앙한다면, 모두가 헛되고, 삿된 거짓 믿음입니다. 하나님(god)이 있거나 말거나, 하나님(god)이 전하는 말씀(Bible)을 행行하면 우리의 소임을 다하는 것입니다.

 우리가 전하는 것은 들을 귀가 있는 이者는 들으라 함이지, 들을 귀가 없는 이者를, 귀 뚫어가며 듣게 할 수는 없습니다. 귀를 열고 안 열고는 자신의 몫입니다. 밤과 낮이 교차하듯 극명한 현상과 실증적實證的 현상 속에 존재하면서, 찾을 수 없는 수수께끼만 한 아름 안고, 힘겨운 나그네 길 택할 이유가 없습니다.
 모두 내려놓으면 모든 것의 주인이 됩니다. 그러나 양손을 움켜쥐고 있다면 그것은 고난의 떡 이상은 될 수가 없습니다. 열쇠를 찾고 여는 것이 어렵다면 진리가 아니요 구원도 될 수 없습니다.
 너무도 쉽고 간결한 탓으로 의심하고 신뢰하지 않으며 더욱이 더 쉬운 것을 찾는다는 원인이 있을 뿐입니다.

28
부잣집 처마 그늘이나

~

 오늘 이 무더위에 우리의 구救함은 시원한 얼음이 최우선 될 수가 있습니다. 그런데 이 작은 소망마저 접고 사는 이들이 있으며, 이들을 보면서 이 시대 인류들은 "모두가 자기 탓이지 뉘를 탓하느냐 무능함은 자신의 몫이다" 하면서, 진리의 말씀을 거침없이 선포하는 것입니다.

'창조'를 근본으로 그리스도교(Christianity)는 성립된 것입니다. 창조란 하나님(god)께서 우주 만물을 제조하셨다는 뜻이지요. 그럼에도 불구하고 창조를 믿지 않음은 물론이요, 의식조차 없다는 것이 사실이며, '창조' 따로 믿음 따로, 자신 의지대로 하나님(god)을 조합하여, 적절한 도구로 사용하면서 판가름은 매섭게 하고 있는 것입니다.

우주만물 모두는 쓰임 목적에 따라 유효 적절히 구성 분포되어 있는 우주의 피조물들입니다.

하나님(god)이 심사숙고하여 창조한 피조물들을, 피조 된 도구들이 창조주(god)처럼 판결하고, 계시를 담당한 '갸브리엘'이나, 수호적 전투를 담당한 '미카엘' 천사처럼, 수행까지 하는 것이지요.

11세기~13세기 말, 종교집단끼리 성지 팔레스티나와 성도 예루살렘을 자신들 영역으로 만들기 위한 죽음을 불사한 혈전이 있었습니다. 전쟁참여 단체 표식이 십자(+)를 사용하고, 교황이라 칭하는 이彙가 작전 지휘를 하며 그리스도교도와 이슬람교도가 8회전을 거듭한 아주 복잡한 다국가적多國家的 이념과 미묘한 사회상을 함께 아우르는 용광로 싸움이 된 것입니다.

종교전쟁의 대표인 '십자군전쟁사'이며 실질적 종교나 신앙 믿음의 진리에서 볼 때, 산적 떼가 가슴과 방패에 십자 새기고, 전쟁에서 승리하게 해달라고, 주일主日 아침에 미사/예배 행사를 하였다 하여 거룩한 종교와 전쟁이 되는 것은 아닙니다. 결국 구원과는 묘연한 것이고, 그리스도 역시 무관합니다. 무늬만 종교이며 '십자군' 역시 무관하다는 결론입니다.

유럽중세시대나 지금의 2013년도 말복이 지난 오늘이나 변함없이, 개인이나 무늬 종교는 세勢를 확장하는데 급급하고, 무소불위無所不爲한 괴력 자랑하는데 더운 줄 모르고, 거룩한 그리스도를 고함쳐 부름으로, 모두를 속이며 녹여버려 포철 용광로 종교가 되는 것입니다.

구원의 열쇠는, 부잣집 처마 그늘이나 세력가 주먹으로 구원될 수 없으며, 오로지 충심忠心으로 자신에게 자신이 그리스도 가르침 대로 행行하도록 뜻과 의지를 다함이 구원입니다.

29
화창한 봄날 게슴츠레한 눈目

~

바로 눈目앞에서 아지랑이가 피어오를 듯 따스함이 온 누리를 흠
씬 감싸고 있군요. 오늘도 거룩한 주主의 날 예배禮拜에 경배敬拜하
고 축복받고 바쁘시지는 않으셨는지요.

국가적 사회적으로 애절한 사건과 문제로 온통 눈물바다를 만들
고 가슴 아픈 역사가 또 만들어지고 말았습니다.
소풍날 맛있는 김밥 과자 배낭에 담아 학습지를 찾는 것이 우리
의 교육문화였고, 그리고 둘러 앉아 많이 가져온 친구, 적게 가져온
친구, 그리고 미처 준비 못한 친구들과 같이 나눔을 하였지요.
초등학교 때부터 우리는 나눔의 공동체와 함께하며 오늘 이 시간
까지 존재하고 있는 것입니다.

평화와 자유를 만끽하기 위해서 고생한, 많은 나라들은 '국력부
강' '경제성장'과 같은 구호에 낯설어합니다.
개인의 자유와 평화를 위해서 국가와 단체가 존재한다고 의식이

전환되었지요.

그래서 나의 자유와 평화를 위해 상대적 자유와 평화를 보호해주고 인정해야 함을, 의식적, 철학적으로 인간 존엄성을 증거證據하며 실천하고 있는 것입니다.

나 홀로 바뀐다고 변화되지는 않습니다.

우리가 흔히 말하는 관리자, 지도자가 바뀌어야 됩니다. 무엇이 바뀌어야 하느냐. 초등학교 도덕관道德觀으로 돌아가야 합니다.

초현실론에 입각한 다양성 법제론과 정신 분석학을 기초로 양성된 관리자 의식주의儀式主義는 세상을 부식시키는 바이러스가 될 수 있습니다.

기본적 법질서도 관리 유지 못하는 의식과 사고思考에, 대형 집단을 관리하게 하는, 자본주의資本主義 편익론을 우리는 금세기 노예제도奴制度라 칭하는 것이지요. 이 노예제도에 자유로운 이者가 몇이나 될까요?

우리 모두는 스스로 만든 굴레를 목에 걸고 다니면서, 품위(dignity)를 운운하며 뤼비똥(louis vuitton)을 걸치고 품고 다니는 것이지요.

복福은 행行을 통해 받습니다. 말씀(Bible)은 당연한 말만 합니다.

반복되는 환경은 자신에게 귀함으로 인식되지 않습니다.

　늘 있는 것으로 착각錯覺하기 때문이지요. 우리가 자유를 찾은 시간이 1945년으로 70여 년이 되었습니다. 노비의 역사가 기천 년 분모分母가 되니, 매우 부족한 시간이 될 수가 있습니다.

　내 자유와 평화를 위해서, 상대의 자유와 평화를 위하여 배려背戾를 해야만 합니다. 사랑 실천의 시작이 될 수 있습니다.

　영생永生으로 가는 입문입니다.

　화창한 봄날 게슴츠레해지려는 눈이 바로 사탄(Satan)입니다.

　마귀魔鬼가 떠나가도록 큰소리로 기도합니다.

30
변함없는 법칙

　우리가 살고 있는 이 땅 얘기가 말씀(Bible)이고, 말씀(Bible)이 하늘天國 얘기입니다.

하나님(God)을 거룩하도록 우리가 거룩하게 여겼을 때 거룩해지는 것입니다. 우리의 모습을 스스로 전락시키고 가혹히 대접할 이유가 없습니다.

[행 9:18] 즉시 사울의 눈에서 비늘 같은 것이 벗어져 다시 보게 된지라 일어나 세례를 받고.

[창 21:19] 하나님이 하갈의 눈을 밝히셨으므로 샘물을 보고 가서 가죽부대에 물을 채워다가 그 아이에게 마시게 하였더라.

검은 선글라스를 끼고, 컴컴한 밤에 촌락 논두렁을 걷는다면, 필경은 논두렁 수렁에 푹 빠지고 말 것입니다.

아울러 논두렁 길 섶에 수북이 쌓인 금덩이가 있다한들 보였을까요? 그럼에도 불구하고 제 눈 검은 줄 모르고 멀쩡(변함없는)한 말씀(Bible)만 물고 물어뜯어, 송어가 백곰한테 한입씩 뜯어 먹혀 내동댕이쳐진 몰상沒相을 만들고 있는 것입니다.

우리의 비늘이 무엇일까요?

우리의 삶은 면역(免疫, 습관과 고정관념)으로부터 자유롭지 못합니다. 지루한 일상日常과 반복되는 연속성이 영혼을 혼미하게 만들고, 삶의 질을 급격히 실추失墜시킵니다. 그래서 새로운 것, 신선한 것,

특별한 것을 쉼 없이 추구함에도 불구하고, 면역성 석화石化로부터 서서히 몰락沒落해 가는 몰골을 볼 수가 있습니다.

　육신肉身이 황폐해지면 영혼靈魂도 피폐해지는 것이고, 영혼이 타락하면 육신도 만신창이로 전락轉落됩니다.

　영靈과 육肉은 동고동락同苦同樂의 작용체로, 동반성장의 경제적 구조가 아니면, 수위가 이르렀을 때 빈貧과 부富로부터 혼돈混沌당하는 꼴이나 같습니다. 결론적으로 경제 발전했다는 국가들 살고 있는 모습이 모두 훌륭한 것은 아니라는 것이지요.

　이 땅에 온 모두는 하나님(God)께서 부여해준 복락福樂을 듬뿍 받고 맘껏 누리며, 아주 행복하게 살다가 하나님(God)을 만나러 가야 합니다. 그러함에도 불구하고 하나님(God)께서 특별히 선물한 의지를 만용蠻勇하여, 주어진 복福마저 사용치 못함이 매우 안타깝습니다.

　대략 70억 인류, 모두가 틀리듯이, 복福의 크기와 내용 또한 모두가 고저대소高低大小입니다. 결과적으로 인류는 괴도怪盜들처럼 끊임없는 주시와 비교로 견주면서 활동을 합니다. 그래서 그리스도(Jesus Christ)를 알지 못하는, 정신 의학자들도 많은 사람들이 비교의식으로 인해, 과대, 과소, 피해망상 등 영혼이 황폐해지려는 현상을, 정신과에서 정신적으로 치료하고 있지 않습니까. 치료받으면서도 "인간은 사회적 동물이다" 이렇게 품위 있게 말합니다. 스스로 짐승이 된 것입니다.

한편 거룩한 주일主日에는 탄식 섞인 몸과 마음으로 스올에서 들려오는 목소리로 '주여!'를 연발로 쥐어짜는 소리를 내며, 혹시나 오늘 주일主日에는 하나님께서 복福을 쏟아 부어줄지도 모른다고 열중합니다.

예나 지금이나 말씀(Bible)은 늘 알려줘 왔고, 지금도 변함없이, 살아계신 하나님께서 지음 받음과 구원의 진리를 설파하고 있음에도, 전혀 알 수 없다며, 오늘도 우리는 눈을 치켜뜨고 자신의 강한 의지만 쉼 없이 증거하고 있는 것입니다.

결국 모든 일을 줄자로 가늠하고, 상대적 가치성과 그에 반反한 자신의 몰골로 귀납歸納이 된다면, 비교의식 마귀 중, 매우 큰마귀大魔鬼가, 바로 자신인 것입니다. 자신이 스스로 마귀 됨인데, 마귀가 하나님(god)에게 복을 달라고 하고 있는 것이지요.

[요1 3:8] 죄를 짓는 자는 마귀에게 속하나니 마귀는 처음부터 범죄함이라 하나님의 아들이 나타나신 것은 마귀의 일을 멸하려 하심

이라.

[요 6:70] 예수께서 대답하시되 내가 너희 열둘을 택하지 아니하였느냐 그러나 너희 중의 한 사람은 마귀니라 하시니.

말씀(Bible)을 찾기 전에 자신의 영육靈肉을 닦아야 합니다. 첫째 윤리도덕으로 통관하고, 다음 진실과 진심을 기치로 걸고, 진정한 구원救援의 진리면 믿을 것이다 했을 때 말씀(Bible)을 잡아야 합니다.

기초적 준비도 없이, 주(God) 앞에 설 때에 흰옷을 입으라 했음에도, 헤어져 너덜거리는 초라한 누더기를 걸쳤다면, 필경은 자멸하게 될 것입니다.

[마 22:11] 임금이 손님들을 보러 들어올새 거기서 예복을 입지 않은 한 사람을 보고,
[마 22:12] 이르되 친구여 어찌하여 예복을 입지 않고 여기 들어왔느냐 하니 그가 아무 말도 못하거늘.

이제는 잊고 있었던 자신의 복락福樂을, 늦었지만 찾아야 합니다.
성경66권을 통째로 외우는 이가 훌륭한 것이 아니고, 매우 간단한 10가지 계명誡命을 잘 지키면 됩니다. 지키고 지키려고 노력하

면, 사망死亡의 율법을 어느 결에 뛰어넘어 생명生命의 영성靈性길로 접어들게 되는 것입니다.

인류는 모두 선하다 할 수 없듯이, 모두 악하다 할 수 없습니다. 내가 어느 쪽에 거하느냐에 따라 결과는 바뀌는 것이지요. 각자의 몫입니다.

[요 15:4] 내 안에 거하라 나도 너희 안에 거하리라 가지가 포도 나무에 붙어 있지 아니하면 스스로 열매를 맺을 수 없음 같이 너희 도 내안에 있지 아니하면 그러하리라.
[요 15:5] 나는 포도나무요 너희는 가지라 그가 내 안에, 내가 그 안에 거하면 사람이 열매를 많이 맺나니 나를 떠나서는 너희가 아 무 것도 할 수 없음이라.

이제 내가 주(God)안에 거居함이 분명하다면 구원이 된 것입니다.
그러나 내가 주(God)안에 거居했는데도 불구하고, 전혀 반응이 없 다면 주(God) 밖에 거居하고 있는 중입니다.
빨리 주(God)안으로 들어가야 합니다. 아마도 회개悔改가 분명치 않고 행行함이 실實하지 못했는지도 모릅니다. 회개하면 천국이 보 입니다.

제2편

중략

순종

~

토끼가 사는 골에 늑대가 나타나면 토끼는
목숨이 다한 것을 한탄한다.

한탄함은 부정이요 반항이다.
이것을 뛰어넘고자 많은 방법을 고민한다.

해결책은 없다.
단지 산란하고 증오된 마음으로 현실에 승복하게 된다.

결과는 같지만 과정은 많은 내용을 담을 수도 없을 수도 있는 것이다.

~

01
누가 나를 위해 존재하는가?

～

절규의 목소리입니다.

자신을 위해 존재하는 것은 자신밖에 없습니다. 그러나 소인小人
이었을 때는 부모가 그나마 도움을 주었지만 시간이 지남에 홀로(?)
되어 있음을, 그래서 가족과 혈족을 넘어 이웃, 동문과 동향을 벗
삼아 각종 모임단체를 만들고 즐거이 삶을 보내는 것이지요.

기본 인생사입니다. 그런데 위와 같다면 축복의 삶이 되겠지요.
역逆으로 너무도 많은 고통과 인내를 요하는 위협적 환경에, 도움
을 준다는 종교나 전문가 특정한 집단, 한층 상승된 기능을 보유한
곳을 찾게 됩니다.

궁극적으로 모든 문제는 답을 전제로 발생되듯이, 자신의 문제는
자신만이 해결합니다. 우리는 이 문제를 해결하기 위한 자료와 답
을 얻기 위해 부단히 정보의 탐사를 하는 것이고, 답을 얻게 되면
종교에 관계없이 신神의 은총과 아울러 하나님에게 감사하는 것이

지요.

이 지구에 존립하는 수많은 인류가 자신의 문제를 해결하기 위해 찾는 이가 99.99%입니다. 나눠줄 테니 오라는 곳은 없습니다. 0.01% 존재하는 주겠다는 곳마저 끈끈이주걱 풀처럼 통째로 삼키려는 의도가 있을 수 있습니다.

세상에는 정치, 경제, 사회 모든 분야 타의추종他意追從을 불허不許한다는 능력자들이 비일비재非一非再합니다. 그럼에도 불구하고 전쟁은 끊임없이 지속되고, 가난과 고통은 여전하며, 많은 종교집단이 무수히 있음에도 사회 속 불신과 분노, 증오, 원망은 변함이 없습니다.

성聖스러운 생각을 하고 행行하면 성자聖子요. 악한 생각을 하고 악하게 하면 악인惡人이 됩니다. 성자의 길을 가려고 준비하는 분들을 초대합니다.

02

절대 권력자의 진정한 뜻

~

하나님의 본질적 목적이 뭘까요?

흙으로 자신의 모습을 빚어서 스스로 자신의 생기를 훅 불어넣고 보기에 좋았다고 했습니다. 그리고 옷을 입지 않아도 될 자연환경과 식食을 해결하는데 전혀 걸림 없도록 풍족한 환경을 모두 갖춰 놓았습니다.

하나님의 본질 목적은, 자신 닮은 인간들이 행복하고 편안히, 보기에 좋도록 살기를 바랍니다. 결국 이처럼 살지 않음은 하나님의 목적을 위배하는 결과가 될 수도 있는 것입니다.

참으로 훌륭하신 하나님이지요. 할렐루야 찬양과 경배드림이 마땅합니다.

하나님의 목적을 이루기 위해 몇 가지 실천 항목이 있는데 계명誡命이란 주제로, 현대 교육의 초입인 초등학교 때부터 익히 공부한 내용들입니다. 종교의 개념 없이 누구나 당연히 지켜야만 하는 인류의 율법律法입니다.

원론적 정의는 필요합니다.

애견들에게는 사료를 무료로 주는 주인장이 절대적 권력자가 되는 것이지요. 물론 감사함의 표시로 주인에게 충성하며 생을 마감합니다.

토양과 기후가 다름으로 인류는 가치관과 철학 종교색이 다양한 문화를 가지고 있습니다. 우리의 문화가 훌륭한 문화임에, 수입자만 있다면 수출을 통해 수익을 얻을 수도 있습니다.

데미안(Hesse. H.) 결말 중 '알을 깨라'. 부활(Bible)의 의미, 참뜻을 어찌 이 무식한 종이 알 수 있을까요? 피부 세포도 새로이 만들어져 일정한 시간이 되면, 육신의 모습이 완전히 거듭나고 있는데 정신과 마음은 금강석처럼 변함이 없고, 생각으로만 바꿔야 한다 하면서 끝나고 말지요.

물론 그럴 생각을 하지 않을 수도 있을 겁니다.

오늘날 우리 모두는 현재의 노력의 십분의 일 만으로도 더 큰 행복과 평안을 얻을 수 있습니다.

그럼에도 불구하고 시간이 갈수록 더 많은 노력과 능력을 배양해도 현재의 상태를 유지하기조차 어려울 것입니다. 왜 그러느냐 '자가발전적 사회악순환'이 더 큰 힘으로 에너지를 발생하여 세상을 지배하게 될 것이니까요.

누가 해결할 수 있을까요?
산봉우리에 떨어진 비 한 방울이 모여서 사해四海 바다를 이룹니다. 나와 당신과 우리와 이웃과 민족과 인류가 바뀝니다.

그러므로 함께해야만 역사를 창조하게 됩니다.

03
모순의 완충대

∾

모순을 모두가 알고 있습니다. 물론 역周易과는 다릅니다. 모순의 절대성과 상대성 그리고 융합을 이뤄서 목적을 이루자는데 목적이 있습니다. 상대성을 가진 최고는 늘 불안정하고 위협적이며, 반드시 대결해야 하는, 운명적 경쟁논리를 가지고 있습니다.

바로 우리가 사는 이곳이 그러합니다. 모든 방패를 뚫는 창은 없습니다. 모든 방패를 뚫을 수 있다고 생각하고 그렇게 행하는 것입니다. 망상妄想인 것이지요. 그래서 늘 충돌합니다. 절대성이 저지른 큰 실수이며 지금도 여전히 반복되고 있습니다.

사랑이란 배려가 기초하듯이 우리는 늘 우리라고 하면서 홀로입니다. 그래서 우리가 되기 위해서는 기초인 배려가 있어야 합니다. 배려란 대가성 없는 나눔입니다. 우리 모두가 배려정신이 있다면 피타고라스 정리까지 들먹이지 않아도 이 세상이 이다지 혼탁하지 않을 것입니다.

70억 인류가 있지만 나와는 무관히 살고 있는 것이지요. 생각만 같이 살고 있을 뿐입니다. 의식만 있는 망상은 죽은 자일뿐입니다.
우리는 바라고 필요한 것이 많습니다. 부시맨 족이 콜라병을 보기 전에는 문제가 없었는데 콜라병을 보면서 조직이 분열되는 조짐이 발생합니다. 그래서 지도자는 과감히 콜라병을 멀리 멀리 퇴출시켜 버림으로 지혜를 실천합니다.

이미 선견지명先見之明자들이 말하듯 지식의 탐구는 할수록 시간이 부족하고, 지혜의 탐구는 할수록 시간이 남는다 합니다. 우리는 지식을 탐구하여 선점하고 기득권을 누리고자 합니다.

그것이 오늘날 역사적 사명을 띠고 이 땅에 태어났다고 한들 뉘라서 부정할까요.

우리의 문화는 더 많은 편익을 제공받으려는 발상에 기초합니다. 그리고 그 결과물들이 문명으로 남게 되겠지요.

작은 배려도 행치 못하는 인류가, 언제인가는 나를 대신해서 사는 인간을 만들고, 그 인간을 통제하려는 시간을 기대하며, 남은 안 되고 할 수 없는 능력 개발을 위해, 인사불성人事不省된 인류를 위한 안내를 하고 있습니다.

04
지혜자의 성공적 행론行論

~

금년 여명黎明에 대선大選이라는 국가적 큰 행사가 있음은 모두가 알고 있습니다. 그럼에도 극히 일부의 무리만이 참여하는 제도적 행위로 생각하고 실로 주체자인 당사자는 객으로 되어 있습니다. 왜냐하면 역대 모든 투표가 그러한 역사를 간직하고 있기 때문입니다.

결과가 있으면 과정이 있고 원인이 있었을 것입니다. 우리는 이제 철학이 아니요, 신앙적 믿음도 아닌 자연법自然法의 순리順理를 생각할 시간이 왔습니다.

대다수의 많은 민족과 인류가, 원하는 것을 찾고자 노력하고, 그 과정에서 충돌이 일면서 대결양상으로 대립이 나왔습니다.

우리가 찾는 것이 무엇인가요? 야만시대는 강자가 지배자가 되었으며, 결과적 고생을 많이 한 나약한 무리가 죽음을 불사不死하며 농민봉기다, 노동자혁명이다 하면서, 피로서 승리하여 운영의 원칙을 만들고 법제화하여 오늘날 자유민주제도가 만들어졌음에도 불구하고, 여전히 봉기와 혁명의 불씨가 화로에 그득히 담긴 형태로 어우러져 있는 것입니다.

큰 바위를 나 홀로 굴려서 옮길 수 없음을 모두 알고 있습니다. 일부는 그 바위를 굴리는 참여자가 되지 못할 수 있음은 애석한 일입니다. 가능하면 참여자가 되기를 바라며 노고에 땀을 흘리었으니 그에 걸맞은 노고의 대가를 보장받아야 함이 마땅합니다.

바로 이것이 우리 인류가 많은 시간 인내하며 창조해가는 자유 평화 민주제도라 할 것입니다.

하나의 그물로 한 마리의 고기를 잡을 수도 있지만, 그물을 가득히 채울 수도 있습니다. 지식은 다툼을 동반하나 지혜는 사랑을 나눔이니 지혜만이 그물을 채울 수 있습니다.

05
현자賢者란

≈

당연히 현명한 자이지요. 검은색 안경은 세상을 검게 만들고, 노란색 안경은 세상을 노랗게 만듭니다. 대단한 능력이지요.

안경도 이렇게 단번에 세상을 바꿉니다. 그럼에도 불구하고 검은색 안경을 끼고도 세상을 하얗게 볼 수 있는 놀라운 능력, 이것이 뭘까요? 역시나 마음의 눈으로 보아야 하겠지요.

생각은 쉽습니다. 마음에 눈目도 만들고, 이마에도 눈目을 만들며, 논리적 말을 많이 하면 이론가이며 허망한자라 일컫습니다. 공상가 망상가는 이론가입니다. 실상이 없고 허상이지요. 우리는 허상을 실상으로 만드는, 그리고 만들어 가야만 하는 목적적 소명가진 자를 현명한 자라 칭하고 존대 받아 마땅하다고 생각합니다.

하늘이 먹구름으로 가렸어도, 맑게 빛나는 쾌청한 파란하늘을 보는 지혜자가 현자입니다. 균형이 깨진 듯한 우리 실상을 수평저울처럼 평정을 이루기 위해서는 현자賢者가 되어야 합니다.

06
기둥

말씀을 전함이 쉽고 상호 교감을 하는 것이 공동체일 것입니다. 이해 안 되는 괴이한 말로, 그리고 해괴하게 말함이 권위적으로 의식되는 사회적 분위기에 편승하여 작금에는 횡설수설하는 것이 고도의 지혜자로 오인되고 있음도 현실입니다.

구원자가 나타나 구원을 쉽게 알려주었는데, 그의 종들이 본인의 권위와 자신을 드러내기 위함으로 매우 어렵고 난이하게 말함으로, 이를 듣는 무지한 이들은 스스로 자기 꾀에 빠져 몽유환자가 되고 있습니다.

법문六法이 친절을 베푼다고 구구절절 법제화 한다면, 그날이 종말이지요. 법의 기초는 죄인 단죄에 있고, 작금에 와서는 예방도 한다고 하더군요. 법문六法은 많은데 집행자는 법문조차 의식을 못하고 법집행이 안 되니, 권위가 실추되면서 면역력으로 독성만 키우는 것입니다.

결국 의식이 문제인데, 이것을 전문적으로 연구하고 행하는 곳이 세상에 비일비재함에도 인구 숫자에 비례하여 치안숫자도 늘여간다 함은 동물적 개념이지 지성적 개념은 아닌 것으로 생각됩니다.

개혁을 운운하고 의식을 거론하면, 많은 이들은 일차원 말을 한다고 합니다. 3시간 일을 해서 10시간 살아간다. 그러나 10시간 일해서 3시간 살 수 있다면 어느 쪽을 원할까요?

우리가 꿈꾸는 세상은 글자 그대로 꿈입니다. 우리는 최소한 행한 대로 결과가 있어야 한다고 생각할 뿐입니다.

공동체가 따로 있는 것이 아니고 우리가 사는 세상입니다. 분열은 통합을 목표로 발생되고, 통합은 분열이 목표가 됨이 자연법임을 모두가 아는 사실입니다. 단지 분열과 통합을 반복하면서 발전 지향적이며 정신적 차원을 높여가야 하는데, 누가? 바로 우리가, 그리고 모두가 그렇게 되기를 희망하면서 기둥으로 추대하는 바입니다.

07
세상은 진리와 지식, 지혜로 가득

~

모두가 알고 있습니다.

법전 속에 훌륭한 법이 가득하고, 성경과 각종 경전에 무릎을 연신 두드려야 하는 놀라운 진리가 수북이 쌓여있으며, 수행자 수련자들로부터는, 창세 이후 들어본 적 없는 깜짝 놀랄 말들이 무수히 쏟아지고 있으니 이것이 바로 요지경이지요.

여기서 정신 놓으면 살아있어도 죽은 자요, 죽어도 산자 되는 것입니다. 어차피 우리는 모두 죽습니다. 죽음의 정의는 육체의 소멸을 말함입니다. 결국 육체의 소멸이 될 때까지가 기간인데, 이 기간 내에 변수가 많고, 소망하고 기대하며 추구하는 것입니다.

진리란 누구나 아는 것이지요. 진리를 모른다면 찾아도 결국 모릅니다. 배가 고프면 밥을 먹어야 하고 추우면 옷을 두툼히 입어야 합니다. 이 진리를 바꿔보려고 없는 진리를 찾는다고 인간이 할 수 있는 온갖 형태의 방법을 행하다 보니 술법이 쌓이면서 세상이 불신으로 멸망지경에 다다른 것이지요.

성경에 영원히 사는 방법을 말했고, 육체가 없어져도 다시 살 수 있다고 했음에도 불구하고, 자신의 생각으로 결정하고 안 믿는 것이지요. 이유가 많이 있을 겁니다.
바르다고 생각했으면 실천을 하는 것입니다. 행함이 개인적 차원은 욕구 충족의 본능으로 치우치고, 이웃이나 공동체적 성격이면 공의라 할 수 있으니 명분이 있습니다. 진리는 실천입니다.

바른 것을 행함은 선을 이룸이요. 굽은 것을 행함은 악을 창조한 것이 됩니다. 우리가 선악도 구분이 안 된다 함은 이를 미개인이라 칭하고 미개인이란 아직 인간이 아님을 말합니다.

육아 때부터 세뇌 교육을 받고도 선악이 애매모호하다면 스스로 자신을 속이는 천재적 지능자로 생각합니다.

팔만대장경에서 설한 선악을 조목조목 고상하게 설파한 다음 목이 감겼다고 "까~악~" 사찰마당으로 날려 보낸다면, 이것이 바로 무지입니다.

어려운 한문 공부하랴, 부처나 조사가 이룩한 말씀 해독하랴, 고생은 많이 했는데, 결과적 행함이 무지라 함은 공工을 이룸이지요. 즉 빌쑈을 이뤄야하는데 가득 채운 공工으로 착각하고, 가난한 심령을 황폐시키는 죄를 짓는 결과가 됩니다. 물론 예문입니다.

정의를 진리를 실천하는 의인들이 참 지식인이 될 것입니다.

08
한여름 밤 귀신에 모골이 송연해지다

∾

주로 여름밤을 시원하게 한다고 앞을 다퉈서 신모델 귀신과 도깨비, 잔인한 괴물을 열심히 창조하여 매스컴에 첨단장비를 동원하여 인간들에게 무차별적으로 대뇌에 각인시킵니다.

무분별한 대뇌는 형체 없는 환상, 괴물들로 바짝 긴장하여 순간적 더위고 추위도 아랑곳없이 위기감을 느끼면서 오싹해지는 것입니다.

이 오싹함이 바로 사람 잡는 현상입니다. 처음 각인될 때는, 간단히 부슬부슬 이슬비만 내려도 으스스해졌는데, 뇌의 면역을 깨기 위하여 하얀 한복 을 입은 인물이 등장하고 물론 머리도 길게 하며 컬러는 검은색으로, 그리고 순간적 얼굴을 돌려서 얼굴을 보여 줍니다. 눈은 충혈 되어 빨갛고, 눈 주위는 무슨 이유인지는 몰라도 퍼렇고, 그리고 치통을 앓는지 입가에는 피를 툭툭 흘리게 됩니다. 이러한 장면에 사람들은 경악하지요.

순간적 충격요법이 한번은 괜찮으나 다수로 반복되면서 이 충격 받은 대상자들이 그런 모습으로 바뀐다는 것이지요. 영적 현상이 먼저 진행되고 육은 자동적으로 따라갑니다.

간단합니다. 나뭇잎을 고사시킨다고 뿌린 고엽제가 인간에게 치명타를 주어 어마어마한 고통을 당하게 하는 것입니다.

그럼에도 불구하고 여름날이면 새로운 귀신 찾기에 바쁩니다. 누가 신제품 귀신을 만들어 냈느냐, 어떤 귀신이 보기만 하면 반 실신할까에 관심이 많습니다. 더욱 재미있는 것은 자신이나 귀신이나 동류同類라는 사실을 왜 모를까요?

진짜 귀신은 생生귀신입니다.

내가 나를 죽이고 우리가 우리를 죽이는 행위를 함이 귀신입니다. 살아 있는 생生귀신이 죽은 귀신보고 놀라며 오싹해진다니요!

09
깨우침

~

　올 여름도 예외 없이 진땀을 흐르게 하는 날씨임에도 많은 분들이 도道를 찾고 진리를 구하기 위해 많은 고생을 하였을 것입니다.

　도道와 진리를 왜 찾을까요. 이유가 있을 것입니다. 도道와 진리가 필요 없는 이는 황당한 주제가 될 것이며, 어쨌거나 진리나 도道는 찾는 것이 아니고 행行하는 것이지요. 행行함이 더디고 힘 겹다 보니 더 쉬운 방법을 찾는 것이지요. 결국 영원히 유리하는 방랑자가 되는 것입니다.

　도道나 진리는 도처에 널려 있습니다. 당연히 그래야 합니다. 단지 행行하는 자가 없음이지요.
　흔히들 뿌린 대로 거둔다는, 인과응보因果應報의 기본적 논리를 특정한 종교에서 말함으로 생각하기 쉬우나, 원인 결과 상벌 법칙은 법전의 근간이고 세상에 존재하는 많은 종교가 기초로 하고 있습니다.

중重한 것이 있다면 이와 같은 법칙이, 우주를 운행하는 기본적 체계의 한 부분이라는 것이며 내가 인정하고 안 하고 관계없이, 법칙은 순행하고 있다는 것이지요.

더더욱, 우리가 궁금히 생각하는 법칙을 법전처럼 나열하기를 원하나, 그렇게 할 수는 없습니다. 아무리 인간이 오만을 부려도 창조 구조까지 근접하기는 어렵습니다.

인간은 발견을 하여 도움 되는 쪽으로 변형은 가능하나 창조는 안 됩니다. 창조주는 창조가 본연의 능력이고 탐험가는 찾는 데 목적이 있습니다.

질이 좋은 삶을 사느냐, 부실한 인생을 영위하느냐는 당사자의 몫입니다. 세상의 그 무엇도 이 결정을 내려주지도 않고 바꿔주지도 않습니다. 그러하다면 어찌해야 할까요? 이 답은 우리가 초등학교 때부터 익히 들은 "빨간불은 멈춤"이라 했는데, 이것을 안 지키고 못 지키면서 합병증 환자로 생을 마감하는 것입니다.

지식이 넘쳐 걸림돌이 되는 구절 중 대표적인 말이 "도덕과 윤리를 지킨다고 구원 되지 않는다"라고 하면서 멀쩡한 사람들을 넘어 트려 정신병자 만드는 부류입니다.

근대병의 가장 나쁜 바이러스가 말이 안 되는 말을 특별한 것으로 믿고 열광하게 하는 세균입니다. 매년 의학박사가 무더기로 배출이 됨에도 이 바이러스가 없어지지 않는군요. 제 눈에 콩깍지 병원균체도 시급히 치료되어야 하는 바이러스입니다.

도를 찾았고 진리를 구했으면 행行하면 됩니다. 그리고 동역자 만나기를 노력하고 협력함이 깨우침입니다. 그럼에도 불구하고 더 쉽고 더욱 강력한 도를, 진리를, 구한다면 그대는 이미 티끌로, 공중에 떠도는 분진 이상은 될 수 없고, 세상을 밝힌다고 불어댐이 흙먼지를 날려 보냄이고, 세상을 어둡게 하는 것입니다.

깨우침은 행行입니다.

10
아직 덜 읽었거나, 잘못 읽은 성경聖經

2000년의 갖은 풍상을 겪고 존립하는 성경은, 물론 신약 시간이며 구약은 6000년으로 추가해야 합니다. 창조주가 성경 안에 있다 했으니 얼마나 많은 인류로부터 시빗거리가 되었을까요.

필자는 광신자狂信者는 아니며 더욱이 성경을 논할 입장이 아님에도 불구하고, 성경은 반드시 목적을 동반하고 읽어야만 답을 얻을 수 있다고 정의할 수 있습니다.

그냥 남들이 읽는다 하니 뭔가 하고 읽는다면 답은 없습니다. 목적 없이 코미디를 시청하면 시간만 낭비함과 같이, 슈베르트의 세레나데(serenade)가 될 수 있고, 물론 하이든의 놀람 교향곡도 될 수 있습니다.

자신이 목회자이면 설교용으로 볼 것이며, 환자이면 치료약을 찾는데 목적을 두고, 소설가이면 테마나 시나리오 설정에, 진리 탐구가는 진리 찾기에, 많은 사람들이 모두 그렇게 읽어 왔으며 읽어 가고 있을 것입니다.

그럼에도 불구하고 반기를 세우기 위한 목적으로 읽는다면, 그 읽음이 제대로 보여 질 수 없고, 몇 번 읽었다고 성경의 부분적 표현을 들춰서, 문제를 삼는 것은 피카소 그림 앞에서, 문외한이 해설함과 같습니다.

공자孔子도 위편삼절韋編三絶했다는데, 일반 범인들이야 위편삼십절? 너무 많은가요?

더구나 소설가가 자신소설, 사상적 정신적 헤게모니(hegemony)를 강조하면서 악취 나는 거름용으로 빗댈 수 있음은, 성경 안 창조주의 무조건적 사랑일 뿐입니다.

개인적 소견은 현재 시판되는 성경은 가죽 줄이 아니고 나일론 줄입니다. 그러니 최소한 삼절三絶은 되어야 하지 않을까 생각합니다. 물론 필자는 아직 일절一絶도 안 되었습니다.

언제나 일절이 되려나….

11
매일이 아니라 영원히 죽읍시다

~

전쟁터에서 '살기로 작정하면 죽고, 죽기를 각오하면 산다.'는 말은 진리는 아니지만 뭔가 큰 뜻을 의미하는 것 같군요.

우리가 사는 이 현상계는 피사체로 드러내기를 원하고 의식을 우월적 권위로 세우려고 합니다. 바로 이러함이 정상적 당당한 존재자가 아니냐, 그럴 수도 있겠지요.

우리가 필요한 부분을 구하는 방법론으로 내가 죽어, 살 수 있다면 당연히 죽어야 합니다. 세상이 시끄러운 것은 힘겨루기 소산물이니, 맞장구치는 손뼉이 없으면 됩니다.

나는 변하지 않고 세상이 변하길 기대함은 무지함의 극치이며, 선견자, 선지자, 지혜자란 결과를 알고 있는 것입니다.

자신도 구제하지 못한 처지에 남을 구제한다 함은 자신도 죽고 상대도 죽이는 결과이니 신중한 나팔이 되어야 할 것이며, 죽음의 진리는 모두 알고 있을 것으로 생각합니다.

바울(Paul)은 매일 죽었다고 하더군요. 모두가 진리의 말씀이지요. 문제는 어떻게 죽느냐인데 쉽지 않습니다. 많은 이들이 죽는 법을 설파하고, 알려 주건만 도무지 죽지를 않으니 이것이 문제이지요.

그래서 협력자가 필요합니다. 자신을 죽이는 기초는 쉬운 것부터 시작이 필요하고, 악습을 단번에 바꿔 버립니다. 술을 마셔야하는 이유가 있는 사람은 술을 끊을 수 없습니다. 담배를 끊을 수 있는 사람은 담배를 피워야하는 이유가 없을 때만 가능합니다.

부당하다고 목청을 돋움이 바로 다툼이고 파괴요 자멸입니다. 부당하다고 생각할 때 상대가 무지한 터미네이터(이성이 없는 괴물)일 때는 어떻게 하시겠습니까. 즉시 물러섬이 답입니다. 자신이 삼손(samson)이 아님에도 사자를 상대로 시비를 가르지는 않을 것입니다.

사자를 상대로 할 때는 자존이 없고, 토끼를 상대할 때는 자존이 있고, 이런 논리는 무지한자의 피폐한 정신에서 나옵니다. 세상을 보는 겸허한 눈이 없기에 비교의식이 나오는 것입니다.

아무도 없는 곳에서 홀로 사는데, 선악이 존재할 리 없고, 깊은 산속에서 눈 감고 깨우침은 살얼음과도 같아서 차갑기는 하지만 순식간에 부서지고 맙니다. 아수라장 난장판에서 깨우침은 남극의 빙산과도 같습니다.

우리의 현실 현상계 피사체들과 유대를 유지하면서 깨우쳐야만 됩니다. 토굴 속 기도 방에서 통곡해도 기분만 시원하지 답은 없습니다.

훌륭한 선사禪師와 수십 시간 명언을 듣고, 무릎을 쳤다 해도 대문을 나오는 순간 모두 녹아서 소멸됩니다.

자신이 깨지고, 자신 것으로 화하지 않음은 모나리자(Leonardo da Vinci: Mona Lisa)일뿐입니다. 지존至尊도 없고 자존自尊도 없습니다.

없는 지존 자존을 만들고, 유지하면 멸망의 나락으로 떨어집니다.

보지도 듣지도 못한 괴이한 논리를 내세워 권위와 실리를 추구하는 모략배들 농간에, 가난한 심령들이 황폐함을 당하는 것입니다.

우리를 구원하는 것은 바로 자신입니다. 자신이 구원자입니다.

12

내가 누구냐

～

자신이 누구인지 모르면서 우리는 자신을 생각대로 창조하여 도무지 형체를 알 수 없는 생물로 만들어 놓습니다.

창조주의 섭리를 연구한다면서, 종국에는 티끌론으로 봉착되고, 최종병기는 영화 이름이며 최종은 신은 없다 하면서, 화성신 토성신들을 무더기로 수입해서 자신 주변을 성곽처럼 둘러놓습니다.

나를 찾자, 내가 이 땅에 왜 왔는지, 그리고 무엇을 해야 하는지, 너 나 모두가 사또使道하면 누가 육방六房을 할 건가요? 그래서 요즘은 자신이 누구인지 알아내는 방법으로 최면술을 연구하는 것이 해결책처럼 착각하게 합니다.

이 땅에 오면서 자신의 소명이 부여됩니다. 설사 기억을 더듬어 추리한들 오늘 자신에게 도움 됨이 없고, 마음과 정신만 장마철 구름처럼 심란하게 만들 뿐입니다.

자신이 누구인지 찾는 날이 천국문이 열리는 날이요. 열리면 닫을 자가 없는 날이 될 것입니다. 나를 찾으라, 너를 알라 하면서 외쳤던 소크라테스(socrates)는 자신이 누구인지 알았을 것입니다. 천둥 번개가 치면 소낙비가 온다고 역설했으니까요.

자신이 누구인지 모르면서, 토끼가 사자를 사냥한다고 으르렁거린다면 말세가 됩니다.

가슴 아픈 시간을 들춰서는 안 되겠지만, 오래전 일본 땅이 해일로 대지를 뒤엎을 때, 태어나 본적이 없는 태산처럼 높은 바다의 파도를 보면서 이것이 종말이구나 하며 화를 당했을 수도 있습니다.

자신을 찾는 것은 매우 간단합니다. 우리의 생각대로 뜻대로 모두 이뤄진다면 얼마나 좋을까요. 그러나 그러한 일은 없습니다. 씨를 뿌리지 않았는데 열매가 나온다면 바로(애굽 왕)궁의 술사들이거나 창조주가 될 것입니다.

진리란 바른 생각과 바른 삶을 추구할 때 도道가 만들어지고, 그 길을 열심히 갈 때 진리가 만들어지며, 내가 누구인지 알게 됩니다.

13
아무리 자신을 속여도 행한
두루마리는 지울 수 없고

❧

어차피 시간 기록이란, 기氣라는 에너지로 영원히 존재하여 지워지지 않습니다.

누군가 지우는 이가 있을 겁니다. 오늘 나의 기록은 어떠한지 그런대로 필름(film)값은 하는지 물론 본인 얘기입니다.

성경 어느 구절에 보면 "두루마리를 빠는 자들은 복이 있으니", 참으로 훌륭하고 귀하며 구원의 말씀입니다. 영원히 삭제할 수 없는 시간에 기록된, 시시콜콜 일거수일투족의 세탁이 가능하다는 말씀이지요.

필자가 언제인가 여타한 이유로, 죽음의 문턱에 도착하는 찰나刹那에, 지금까지 살아온 전 과정을 순식간에 기억을 하였습니다. 물론 단 한 번도 기억된 적이 없는 것들이었습니다.

다행히 찰나를 벗어나 천국 문턱에서 현실계에 머무를 수 있었으나, 순식간에 기억된 내용들이, 양심과 마음을 통째로 뒤집어 놓았습니다.

가족과 형제, 이웃, 자신과 관련된 인물들에게 잘하지 못한, 잘했어야 했는데, 잘할 수도 있었는데, 너무도 비참하고 초라하며 비인간적 자신의 행함이 한 달 두 달… 몇 달이 지나도 잊히지 않았고, 현실적 존재하고 있는 인물들에게는 마음을 다해 위로 받을 수 있었으나, 현실에서 벗어난 이들에게는 방법이 없었습니다. 많은 시간을 양심에 억눌리고 무겁고 침통한 시간을 보냈습니다.

내 삶의 역사는 단 한 가지도 없어지지 않았고, 분명히 존재하고 있다가 찰나에 나타난 것입니다. 물론 아인슈타인(Einsteinian)이 논한 물리인지 논리인지 모르나, 아인슈타인하고 관계없는 필자가 증거하고 확인한 것입니다.

바르게 걸어가고 있는데 내 의지와 관계없이, 발과 몸이 다른 쪽으로 절로 걸어가더라고요. 멈춰지지도 않고, 이 상태가 계속되면 내가 원하지 않는 곳으로 굴러 떨어질 것이라고 생각되었고 온 정신과 의지로 강력히 '멈춰야 한다 바르게 걸어야 한다' 하면서 온 힘을 다하자 다리와 몸이 의지대로 멈춰서고, 다행히 개천으로 추락을 면할 수 있었습니다.

어느 외국에서 고속도로에서 그것도 새벽녘에 130km가 넘는 속도로 달리는 중, 양손으로 핸들을 잡고 있었지요. 그런데 어찌된 영문인지 두 팔이 굳어져 움직이지 않는 것입니다.

역시나 죽을힘을 다해 하나님을 찾으면서 살려 주소서를 반복하는 중, 양팔이 움직여 다행히 페이스를 유지하고 달렸지요.

이런 현상이 몇 번 반복되었습니다. 옆 좌석에 사람이 앉아 있었고 뒷자리에도 3사람이 있었는데, 옆에 앉은 사람이 핸들을 돌려야 함에도 핸들을 돌리지 않고, 늦게 돌려서 위기감을 느끼자 "괜찮으냐? 운전이 어려우면 차를 멈춰라!"라고 말했습니다.

급기야 차안이 공포기운으로 가득했습니다. 차를 멈추고 싶어도 시내도로도 아니고 오글리 공항을 얼마 남겨놓지 않은 지점인지라, 뒤차 옆 차들도 어려웠습니다.

도착지에 도착했을 때 필자의 기분은 지옥을 통과해서 빠져나온, 살아서 지옥을 경험한 것입니다. 어쨌든 그때 죽지 않고 살아서 지금 이글을 쓰고 있습니다.

'정신 잃으면 죽는다.'

정신 바짝 차려서 바르게 가야 합니다. 필자의 좌우명입니다.

14
미친 문화여 평안하냐

∽

이미 죽은 개가 죽었는데도 불구하고 전혀 안 죽은 것처럼, 활개치고 짖고 물어댑니다. 이것이 바로 망령인 것이지요. 제정신 놓고 살아가면 그렇게 되는 것입니다.

누구 망령인지도 모르는 그러한 것들이 무시로 들어와 폐허를 만들어 놓는 것이지요. 우리가 할 일은 무엇인가요? 바로 정신을 차려야 합니다. 미친 세상에서 안 미치면, 미친 자가 되는 것입니다. 그러나 미치지 말아야 합니다.

내가 세상을 사는지, 세상이 나를 통해 돌아가는지 아무도 모릅니다. 단지 어느 한쪽은 착각하고 있음은 분명합니다.

희대의 사건을 만들어낸 부류들이 세상을 볼 때 미쳤다고 합니다. 그래서 미친 세상을 고쳐줘야겠다고 벌인 일들이 대형사건이 된 것입니다. 우리 모두 너무도 황당히 죽어간 영혼들에게 잠시 묵념하자고요. 영혼들이여 편히 쉬시라. 걱정하지 말고!

필자는 짧은 거리를 걷는데도 정신 바짝 차리고 걷습니다. 손에 손에 뭔가를 들고 열심히 보며 걷는 것이 요즘 도보 문화입니다. 힘이 넘치는 씩씩한 걸음은 퇴보문화가 된 것입니다.

오래전 정신적 이상이 있는 부류의 패션은 바지 위에 치마 입고 목걸이 몇 개씩 걸고 왼쪽 신발 오른쪽 신발 틀리고 그랬는데 요즘은 보편화 되어서 누가 정신 이상자인지 도무지 구분이 어렵습니다.

요즘 신호등은 빨간불임에도 지나는 차 없으면 사람들이 건너고, 파란불 일지라도 사람 없으면 차들이 마구 달립니다. 언제 이런 법령 만들고 공포했는지 미쳤습니다.

'미친 문화여 평안하냐. 나도 빨리 미쳐야 할 텐데, 언제나 미칠는지!'

15
예정의 진리

우리는 흔히 권력자의 주변을 맴돌기 위해서 행하는 처세술을 치부라는 이름으로 통칭하는데, 이 치부가 자신의 의지나 대의와는 관계없는, 순전히 목적을 위한 위선과 가식으로 구성된 것입니다.

역사는 승자의 편이었고 법과 정의와 진리 역시 그렇게 역할을 해왔습니다. 그렇기 때문에 거슬러 올라가 소급해서 단죄한다는 것은 불가할 수가 있습니다. 고로 과거에 집착하여, 오늘을 부실하게 함은 미래가 어둡습니다.

훌륭한 오늘과 행복을 주는 미래는, 바로 오늘 충실함입니다. 모두의 기본적 철학이고 그렇게 살아가고 있을 것입니다. 방송에 출연하여 자신은 "너무도 아름다운 세상과 행복으로 매우 만족하게 살고 있다"고 했는데, 며칠 후 스스로 목숨을 저버린 사람도 있습니다.

슬픈 일이고 안타까운 일입니다. 내가 사는 곳이 행복하면 나도 행복해야 합니다. 중요한 것은 혜안이 있어야 하는데, 반드시 이마나 미간에 눈이 덤으로 있어야만 혜안은 아닙니다. 보편타당한 이가 가장 훌륭합니다. 누군가 속여도 속임을 당해주고, 누군가 불편하게 만들어도 감수하여 주면서, 부족한 고난의 떡을 같이 나눔으로 사랑을 실현하는 것입니다.

악의 기초는 보편타당한 사람들을 밟고 겁박하는 자로부터 형성됩니다. 죄 없는 자들을 괴롭히고 그들로 하여금 고통을 당하게 함이 사악한 짓이지요.

인류가 고등생물체로 성장하는데 많은 시간이 흘렀을 것입니다. 그래서 지금도 지성을 논하고 품위를 찾으며 정신적 영역에 비중을 많이 강조합니다. 적절한 치장과 가꿈은 있어야 하나, 이것이 본 목적이 된다면 순서가 바뀌고 물구나무서기로 다님과 다를 바 없을 것입니다.

많은 종교와 성현과 선각자가 한결같이 서로 이해하고 사랑으로
감싸라 하였는데, 너무도 기본적이지요. 이것이 바로 진리요 인간
이 추구해야 하는 정신적 가치관입니다. 결론적으로 우리가 작지만
실천하고 힘들지만 습성화하여 나의 삶이 우리들의 공동체가 이해
와 사랑 나눔으로 자리해야 할 것으로 생각합니다.

열쇠는 자신이 가지고 있는 것입니다.

16
근원 / 우주 운행 시스템

~

아무리 많은 길을 걸었다 해도 바르지 않다고 판단되고, 정도正道
를 알게 되면 멈추고 바른길로 접해야 합니다.

우리는 흔히 한 우물 파기 논리를 앞세워 무작정 가면 되는 것으

로 생각하기 쉬우나, 정도였을 경우만 해당합니다. 자신의 일거수일투족을 하나씩 살펴봅시다. 자신이 행하고 생각하는 것이 체계적이고 논리에 합당하며 정당한 것인지, 자신이 하는 것이기 때문에 아무리 후히 넘기려 해도 지켜보는 이가 있다면 그것은 올무가 되는 것입니다.

우리 삶의 모든 부분에 늘 겸허히 새롭게 거듭날 준비를 해야 합니다. 거듭나야만 하는데도 거부해서는 안 됩니다. 그 거부는 곧 죄악으로 결론짓습니다. 죄악이나 선행이나 모든 것이 목적적 쓰임이 없다면, 열거할 이유가 없는 것입니다.

우리가 어디서 왔고 어디로 가는지 알고 있지요. 모태母胎로부터 와서 무덤墓으로 가는 것은 실상實相입니다. 아울러 왜 왔는지 누가 보냈는지 알 수도 없고 알아야 할 이유가 없다면 의관衣冠은 훌륭하지만 영心靈은 남루한 식객食客이 될 수 있습니다.

내가 왜 이 땅에 왔는지 모르면서, 마치 남의 밭에 들어가 참외 하나 따면서 뿌리째 뽑아 마구잡이로 흩트려놓는 것은 곧 죄업입니다.

한 달란트를 받은 자가 주인이 돌아왔을 때, 당신은 심지 않은데서 거두고 헤치지 않은데서 모으는 줄 알고 있다고 고상하게 말했으나 한 달란트는 뺏겼고 열 달란트는 충복忠僕에게 덤으로 줍니다.

한 달란트는 우리의 인생입니다. 자기 그릇대로 받은 삶이지요. 내 삶의 주인이 따로 있되 일정 시간 뒤에는 반납해야 함에도 삶에 대한 책임의식을 느끼지 못하는 것이지요.

흔히들 산수가 좋은 곳에서 호흡하다 도회지에 들어오면, 탁하고 역하며 호흡하기 곤란함을 느낀다고 합니다. 이른 아침 쾌적한 공원길을 걷는 것과, 늦은 밤 도시 뒤안길 휘청거리는 주막 홍등가를 걸을 때와 같다고 할 수 없습니다.

그래서 길을 바르게 가야 합니다. 바르게 가려고 할 때 바르게 가는 것이지, 의지적이 아니면 바르게 갈 수 없습니다. 살아있는 자도 귀신이요, 죽은 자도 귀신인데, 산자든 죽은 자든 내 발목을 잡고 마음대로 끌 때, 그대로 따라가면 죽습니다. 벗어나는 길은, 오로지 온 마음을 다하는 의지적 생각으로만 바꿀 수 있습니다.

늦었다고 생각할 때가, 적절한 시간이 될 수 있고, 바르지 않음을 수정할 때 운명이 바뀌는 것입니다. 이것이 자연의 법칙이며, 창조 하나님의 우주운행 시스템입니다.

17
오, 대한의 꼬추여!

❧

가을이 오면 고추는 모두 따서
뜨거운 땡삐에 우그러지도록 말려야 한다.

대한민국 고추는 올가을 모두 말려야 한다
겨울이 올 텐데 따서 안 말리면 어디에 쓸꼬.

대한의 고추를 모두 따 버리자
그리고 미련 없이 말려 버려라.

외제 고추도 많은데
대한 고추에 뭐가 미련이 있냐.

대한 고추 말만 맵지
행주 앞에 고춧값도 못한다.

대한의 고추여

18
버림받은 자

~

우리는 많은 이유로 가족이나 가문, 이웃, 친구, 사회, 국가로부터 버림받은 이가 많습니다. 내가 상대를 버리지 않았는데, 상대나 집단은 나를 버리고 있음을 인지할 수 있을 것입니다.

그리스도의 출현은 구원이 목적이지, 솔로몬처럼 명심판관으로 출현한 것이 아니지요. 의사는 병의 치료가 목적임으로 흑인, 백인, 평화주의자, 공산주의자에 관계치 않고 치료하는 것이 본질입니다.

전쟁 시 적십자 마크를 보면서도 총을 난사하는 군대는, 철학없는 식인종 부대라 칭하고 인류종人類種에서 퇴출시키는 것이지요.

누구나 알고 있듯이, 풍요와 평화 속에서 이웃을 돕는 것은 당연합니다. 왜냐하면 돕는 것이 품위를 더 해줄 수도 있으니까. 그러나 열악한 조건에서 사랑의 실천이 쉽지 않음으로, 성자나 성인聖人이라 칭송하면서 사랑 베풀기를 간접적으로 강요할 수도 있습니다.

창조주의 선물 중 칭찬받아 마땅한 것이 망각忘却이지요. 어제의 원수가 오늘은 친구요. 오늘의 믿음이 내일 불신이 될 수 있습니다. 망각의 진리는 새로 시작이며 거듭남의 분기점分岐點입니다.

우리는 망각을 망각합니다. 참뜻을 알지 못하니, 돼지 코에 금金고리 격입니다.

하나님은 우리에게 맹세하지 말라 하면서, 선택받은 족속들에게, 미래의 비전을 제시하고 영구성을 시사합니다. 이것을 들은 선민選民들은 너무도 감사하고 황공하여 뭔가를 잊어버립니다.

하나님의 약속은 상대성相對性이란 것을 잊은 것입니다.

상대성은 자연의 법칙이고 우주의 법칙이요, 현대 과학, 의학, 물리, 공학, 화학 어느 부분도 상대성이 없으면 구성이 안 되지요. 즉, 논리성립論理成立이 안 되는 것입니다.

그럼에도 불구하고 하나님의 상대성 논리를 모두 모두 잊어버리고, 아인슈타인(Einstein)의 상대성이론(theory of relativity)만 중요시하면서, 그리스도가 오셔서 아가페(agape)를 나눠줬는데 무슨 말을 하느냐 하며 너도 나도 '믿습니다'만 연발하고 고함만 치고 있는 것입니다.

그리고 정신적 지도자라 추앙받는 대다수가, 적십자 의사는 모두를 치료하듯, 예수 그리스도의 사랑만이 참 사랑이니 예수 그리스도 사랑을 해야 한다고 눈을 부릅뜨며, 예수 그리스도 사랑만이 구원이다 하면서, 대문을 단단히 걸고 지붕 십자가에 불만 밝히고 있습니다.

그리스도 사랑 역시 굳건한 믿음이 동반해야 합니다. 많은 믿음의 종교가 있는데 특별난 종교는 믿음 절차가 까다롭고 어려워 접하기 쉽지 않지요. 예수 그리스도의 사랑 나눔 또한 간단하지는 않습니다. 기독교적 믿음을 완성한다 함은 낙타가 바늘귀를 통과하는 것보다 더 어려울 것으로 생각합니다.

그럼에도 불구하고 예수 그리스도의 믿음을 모두 이뤘다는 훌륭한 정신적 지도자가 많으니 얼마나 축복받은 민족인가요. 하나님께 무한 감사드립니다.

19

근엄한 젠틀맨(gentleman)

∾

그럴듯한 풍모와 매우 세련된 어휘를 구가하며 관중을 압도하는 웅변적 연사演士에, 귀를 열고 있는 중 차츰 시간이 지나면서 논리論理에 어긋나고, 도덕을 뒤집어 놓으며, 마치 자신이 천왕성天王星에서 온 듯이 괴성怪聲을 지릅니다. 누구 얘기요? 이상한 나라의 엘리스 얘기입니다.

관중은 그렇지 않아도 무료한 시간에, 무슨 말인지도 모르는 해괴한 말에 화답과 맞장구를 쳐주며, 불쌍한 동물을 유희遊戱하듯 연신 고함으로 응대하여, 스스로 즐거움과 무료함을 치료하는 것입니다. 연사演士는 더욱 흥분하여 사분오열四分五裂에 열 곱 백 곱의 완전 괴물인간으로 탈바꿈하여 관중에게 완전한 즐거움으로 보답을 합니다.

연사가 괴물인가요? 관중이 괴물인가요? 유유상종類類相從의 정의입니다.

바르지 않음을 바르다 하고, 곧은 것을 굽었다 하면서 거짓을 실천, 낙을 찾고 이익을 추구한 것입니다. 그럼에도 불구하고 하늘이 천둥소리도 내지 않고, 벼락도 치지 않음은 웬일인가요?

당연한 일인가요?

사악邪惡으로 세상을 혼탁하게 하는 자를 벼락이, 잠잠히 있다면 신통치 않은 하늘임에 분명합니다. 우리가 하늘을 우러러 감동하고 감읍感泣하는 것은, 나약한 피조물이 할 수 있는 유일한 절규입니다.

두툼한 유리관에 상어(shark)를 넣어놓고 같은 물속에 사는 고기 떼를 맛있게 물어뜯어 먹는 것을 관상중觀賞中인 몰골을 젠틀맨(gentleman)이라고 부를 수 없을 것입니다. 시급히 망령亡靈을 떠나보내야 합니다. 망령과 같이 살아봐야 도움 될 것이 없습니다. 죽은 개가 망령으로 난장판을 만들면 남을 게 뭐가 있겠습니까.

너나 할 것 없이 죽은 개 망령으로 괴로울 것입니다. 오늘은 거룩한 주主의날이니 죽은 개 망령을 우주로 떠나보내는 합동기도를 하시자구요.

20

마음이 닦아지면 참 빛을 볼 수도

~

　모두가 원하는 것을 모두 얻을 수 있고 가능하다면 이 세상은 바로 혼돈의 창세기로 역류하고 말 것입니다. 다행히 하나님께서는 이런 기초적 인간의 품성을 익히 알고 있는지라, 부족하면 채워주고 남게 되면 덜어내는 기막힌 수위조절 시스템으로 인류가 살아가도록 구축하셨습니다.

　그럼에도 불구하고 인류는 창조시스템自然法則과는 관계없이 이 세상은 나를 위해 존재한다. 그러므로 맘껏 내가 원하는 대로 행동하며 살아간다. 뉘라서 감히 나를 막느냐 이렇게들 말을 합니다. 말하지 않아도 인간이란 종種 자체 DNA가 그렇게 조직화되어 있습니다.

　종교, 신앙, 믿음은 약간의 특성을 가지고 있고, 단어가 틀리듯 목적적 뜻이 다를 수 있습니다. 종교는 정치성을 가진 것으로 정치는 무武를 의미합니다. 아울러 신앙은 유유상종類類相從의 소집단적

군락이 어울려 영적교류靈的交流를 한다고 보아야하며 일방적인 맹신적盲信的 성깔이 다분히 있습니다. 반면 믿음은 어디까지나 개인적 차원을 의미하면서 신과 자신과의 일대일의 관계성을 가지고 상호교류를 통해 신뢰성을 가진 관계입니다.

성숙한 의식이 없을 경우 자신을 고집합니다. 그러므로 인해 본 뜻과 관계없이 주변에게 불편을 나눠주는 현상이 빈번히 발생합니다. 시행착오施行錯誤를 겪는 과정에서 안정기로 접어들게 되고, 그러면서 또 다른 창조를 위한 기운이 발생하고 분열이 시작됩니다. 융합과 분열이 물리학의 기본법칙임과 같습니다.

종교와 신앙과 믿음이 우열을 가리고 편을 나눌 수도 있고, 그리하여 인류나 민족이나 국가나 사회는 일정한 법칙아래 해답 없는 투쟁을 부질없이 하는 것입니다. 종교와 신앙과 믿음이 적절히 위치하고 자신이 이 땅에 온 소명을 알아서 그에 순종함이 바른길이며 이와 같은 논리를 인정함이 진리입니다.

그리하면 보지 못했던 참 빛生命을 볼 수 있습니다. 아울러 그 참 빛生命을 자신 외에는 누구도 볼 수 없습니다. 마음을 닦는다는 것은 추운 날 벌거벗고 눈밭에 앉아 눈감고 있는 것이 아니고, 생각을 바꾸고 마음을 바꾸는 것입니다. 버스 정류장에서 버스를 탈 것인지 말 것인지 결정하는 것과 다를 바 없습니다. 버스를 타고 목적지를 가면 행行이요, 버스에 오르지 않고 생각만 목적지에 있으면 허상이요 망상일 뿐입니다.

계시록을 연구하는 사람에게 "예정론을 믿습니까?" 질문하니 "원 별말씀, 예정이 뭡니까? 인간이란 노력해서 결과를 얻는 것입니다." "그렇다면 계시록을 왜 연구하십니까?", "도대체 무엇을 계시했는지 확실히 알기 위해서입니다."

예정을 알아서 뭘 할까요? 문제 있는 예정을 바꾸겠다는 것인가요? 예정을 알 필요가 없습니다. 오늘의 내 모습이 내일의 내 모습이 아니 되도록 생각을 바꾸고 마음을 바꿔야 할 것입니다.

21
면역성 바이러스

인류는 약속이나 한 듯이 일주간一週間의 노고를 끝내고 지친 영육靈肉을 다스리기 위하여, 신성한 땅으로 발걸음을 하든지, 묵직한 머리를 시원하게 한다고 설악산 꼭대기 공기를 마시거나, 동해물까지 쫓아가 몸을 담그기도 합니다. 은연중 노예로부터 해방된 평안과 자유를 느끼게 되지요. 그리고 귀가 길에는 물오징어를 벽에 걸어놓은 형상으로 축 처져 귀가합니다.

그래도 순간이지만 낙樂과 즐거움을 반복합니다. 그리고 횟수가 가중되면서 더 강렬한 환경을 요구하게 되지요. 아울러 자연스레 궤도軌道는 이탈되고 맙니다. 영육靈肉 경제 현실이 일정한 법칙을 벗어나 따로 돌기 시작하면서, 개인적, 사회적 문제화되고 국가적 심각한 공황恐慌으로 스며들게 되지요. 외과적 진단을 하면 면역성 바이러스 감염입니다.

우리는 흔히 양귀비를 도자기에 삶아 먹는 것을 마약이라고 하는데, 이것은 시각적 현상일 뿐 우리가 사는 이 땅은 마약의 도가니라 할 수 있습니다. 법령이 세상을 다스리지 못함은 모두 알고 있는 바입니다.

중독성 물질이 마약이며 명약名藥이고, 우리를 살게 하는 힘의 원천이 되면서, 그것을 위해 자신을 모두 투자하게 합니다. 도무지 선과 악을 구분할 수 없고 할 필요조차 없습니다. 관련 행정부는 신제품 마약이 나타나면 그에 걸맞은 법을 제정한다며 야단이고, 현실적 존재하는 마약은 보지 못하고 있습니다. 그래서 깨어야 합니다.

자살자는 비관자이고 범죄자는 분노반항자, 주린자입니다. 이 시대에 한두 끼 굶었다고 범죄를 저지르지는 않을 것입니다. 우주의 생물체는 상대적相對的 반응에 민감하지요. 물론 인도(India)의 간디(Mahatma Gandhi)는 예외일 수도 있습니다.

사회구조가 자칫 우성偶性을 위해 열성劣性이 존재하는 뉘앙스(nuance)가 되어서는 안 되며, 모든 사물은 본질의 목적을 찾아야 합니다. 혼돈의 세상은 가치관이 흔들리고 흑이 백으로 보이며, 선과 악의 위치가 바뀌어져 버릴 수 있습니다. 그러므로 정신을 바짝 차려야 공황 속에서 빛을 찾을 수 있고, 문을 열고 나올 수 있습니다.

어느 성경 구절에 보면 어린아이 신앙과 성장한 신앙의 차이를 말하는데, 선악을 구분 못하는 신앙을 어린아이 신앙, 선악을 구분할 줄 아는 신앙을 성장한 믿음이라고 합니다. 그런데 이 시대에는 선악을 구분 지을 수 없는 심각한 가치관의 혼돈으로 말미암아 양분법兩分法 계산도 안 되고 있으니, 어찌 행行마저 요구할 수 있을까요.

선악을 구분 짓지 못하도록 하는 부류가 마귀그룹(魔鬼Group)이
요, 선한 행行을 못하도록 하는 그룹이 사탄그룹(Satan Group)입니다.
더욱이 목적을 위해서 스스로 당당히 마귀길(魔鬼Road) 가는 이가 있
으니 불쌍한 것이지요. 인간의 본질은 선악을 구분하여 실행實行을
통해 열매를 맺어 이웃과 나눔(agape)이 본질입니다.

인간은 만물의 영장이기 때문에 그 무엇보다도 본질을 회복할 수
가 있습니다. 본질을 찾아 거듭남이 부활復活이 될 것입니다. 그리
고 그날이 천국문天國門이 열리는 날이 될 것입니다.

22
가증스런 것

❧

전지전능全知全能한 하나님을 무지무능無知無能한 하나님이라 한
다고 해서 국세청에서 고지서 나오지 않으며, 하나님 무능하지 않
다고 해도 내야 될 세금 면제되지 않습니다.
원죄原罪론에서 첫째의 주인공이 아담이요, 원인 제공자가 하와

로 성경의 서막에 나옵니다. 인류의 적이 하와가 되는 격인데 역할이 가룟 유다(Judas)와는 비교가 안될 만큼 매우 참담한 판결을 받았지요.

그럼에도 불구하고 70억 인류가 하와를 인류의 적이라고 한번이라도 성토대회聲討大會를 한 적이 있습니까? 인류는 축복받아 마땅한 것이지요. 원수를 모두 모두 잊어버리고 아예 기억에서 지워버렸고 이솝(Aesop)이 지어낸 우화偶話로 생각하며 흐뭇해 하는 것이지요.

그렇다고 하와 화형식 날을 제창하자는 것은 아닙니다. 그럴 입장도 못되고, 단지 기억할 것은 기억을 해야만 한다는 것입니다.

사막의 열기가 많은 나라에서도 검은 보자기(hijabs), 흰 보자기 가리지 않고 머리에 쓰고 다니며, 우리나라도 주일날 동네마다 아낙들이 성전에 입당 전 덮어쓰고 죄지음 용서를 구하고 있지요.

오랜 관습으로 보자기가 면사포처럼 의미를 상실해서도 안 될 것이라 생각합니다.

도둑 반열에 거하던 자가 개과천선改過遷善하여 도덕선생道德先生되었다고, 그가 설說하는 도덕론이 진가가 있을까요?

말씀 중에도 가증스러운(toss · bag) 것이 성聖스러운 곳에 나타나면 죽음이 임하게 된다고 설說했습니다.

선은 선이고 악은 악입니다. 선이 악이 될 수 없고 악이 선이 될 수 없습니다. 이것이 지음 받음의 진리요 법칙입니다. 검은색 물감이 기도하고 찬양해서 흰 물감으로 바뀌면, 고흐(Vincent van Gogh)가 어떻게 명화를 그릴 수 있을까요? 변하지 않습니다. 변할 수도 없고 그것이 진리이며, 과학이 고생 끝에 만들어낸 게놈(epigenome)지도가 증거하는 것입니다.

우리는 단지 사랑이란 이름으로 회백 칠한 늑대 손을 속아 주는 것이지요. 이것을 분별 못하면 영원히 어린아이 믿음에서 벗어나지 못하는 것이지요.

가증스러운(toss · bag) 것이 성聖스러운 곳에 서고 있으니, 의식을 바꾸면 혹시나 살 수 있을지도 모르지요.

이번 주일主日에는 가증스러운 요물들이 지구를 떠나도록 찬송을 힘차게 부르시자고요.

23
권능자

~

혼히들 인간의 한계점을 넘는 자들을 능력자라 하지요.

특히나 종교라는 울타리 속 능력은 자타가 인정해야 함에도, 검증절차가 완성되어 있지 않음으로 매우 혼돈의 시점입니다.

그렇다고 종교적 권능자 검증센터를 국가적 차원에서 운영할 수도 없고, 언제인가는 합리적인 검증이 이뤄질 것으로 생각합니다.

누구나 귀신 관련 말을 하면 언짢으면서도 귀를 안 열 수가 없습니다. 그래서 귀신이 사람을 홀리는 것입니다. 언제인가 필자가 열심히 "하나님 주시옵시고"를 식음食飮을 전폐하다시피 하면서 다년간多年間에 걸쳐 '무기약정일기도'를 하고 있었는데, 물론 더 할 수도 있었지만 '2,500일기도'로 오도송悟道頌을 했습니다.

'오도송'은 기독교적 표현은 아닙니다. 그렇다고 '영광송'이라고 하면 가톨릭의 적이 될 것 같고, 어쨌거나 은혜찬송을 불렀다는 뜻입니다. 그 시간대속에 많은 괴이한 일을 만나게 되었는데, 말씀 (Bible)속에 보면 "벽을 만졌는데 뱀한테 물리고" 하듯이, 일日 24시간 중 23시간 정도 기도에 빠져있을 무렵, 기도 중 시간이 궁금하여 뒷면 벽에 있는 원형시계를 보노라니 '귀곡산장' 영화 주인공이 하는 헤어스타일처럼, 길고 검고 치렁치렁한 머릿결이 시계윗면에서 실내임에도 불구하고 강력한 선풍기 바람에 날리듯 날리고 있는 것입니다.

"웬 머릿결이 저렇게 많이 날리고 있나?" 눈도 떼지 않고 천천히 일어나 벽면시계를 향해 걸어가는데, 휘날리고 있는 검은 머리 단이 끝부분부터 조금씩 줄어드는 것입니다. 한 걸음 한 걸음 다가갈수록 머릿결은 점점 더 줄어들었고 시계 앞에서 의자를 놓고 머릿결을 잡으려는 시점에서는 태반 모두 줄어들었으며, 소리는 없었지만 느낌으로 순간 "팟" 하는 소리와 함께 날리던 머리 단은 사라져버렸습니다.

이전과 이후 많은 여러 현상을 보면서 필자 나름의 이론을 정립하게 되었지요. 어쨌거나 시공간 안에서 나만이 기도를 하고 있는 것은 아니었습니다. 가재도구들도 있었고, 사라졌지만 휘날리는 긴 머리 단도 있었고 내가 볼 수 없었을 뿐, 다른 에너지체도 있었음을 알게 된 것입니다.

우리가 사는 2차원의 공간은 피사체 인간들이 볼 수 있는 공간이며, 뫼비우스(Mobius) 띠와 같이 존재함에도 우리 눈에 안 보이는 4차원이 있는 것이며, 시공간이 무한대니, 차원은 무한대로 나눠지는 것입니다.

우리가 사는 시공은 에너지의 교류로 상호교환 작용을 합니다. 어느 에너지를 사용할지 내가 어느 에너지와 상호 연관성을 가지고 있는지는 너무도 복잡합니다. 그리고 그러한 거대한 우주 시스템을 통제하고 질서를 유지하는 체계가 현실적, 그것도 초 과학적이며 실체로 존재한다면 믿을 수 있을까요?

말씀(Bible)도 믿지 못하는 처지라면 불가할 수가 있습니다. 그러나 우주는 우리의 믿음과 관련 없이 순행하고 있고, 그 순행의 순례에 우리라는 존재자들이 자신의 역할 수행을 하고 있을 뿐입니다.

바늘귀로 낙타가 통과 못합니다. 육肉을 놓고 영靈만 통과하면 됩니다. 이것은 오늘 우리의 믿음이지요.

바늘귀와 낙타는 전혀 연관성이 없습니다. 바늘귀는 실을 위하여 존재합니다. 낙타는 사막의 상인들을 위하여 존재합니다. 허虛와

실實을 보는 것이 장성한 권능자입니다.

24
순종

∾

이론적 순종이야 누구나 알고 있는 것입니다.

예정된 수레바퀴 속에 내 뜻과 무관히 펼쳐지는 무대에서 나의 역할을 거부하지 않고 분노하지 않으며 수긍함을 순종이라 하는데, 쉽지가 않습니다. 그래서 거역이라는 단어가 존재하게 된 것이지요. 순종해야 함에도 거역하면 추가되는 죄목이 덤으로 붙고, 결국 소돔(Sodom)과 고모라(Gomorrah)에 시범 보인 무자비함의 결과를 초래하는 것입니다.

모든 결과는 원인이 있으며, 원인에 의한 대가임을, 그래서 그 대가를 순종이라 하는 것이지요. 순종을 의식할 때 우리는 구원의 역사가 이뤄지길 간구하지요. 그러나 간구할 때는 이미 늦었다는 것입니다.

이 시대의 구원의 역사는 오류가 있음에도 두려움으로, 수정을 할 수가 없는 것이지요. 결국 우리는 커다란 실수를 해야만 본뜻을 알게 되는 논리에 의해, 역청 구덩이에 빠진 후에 역청구덩이의 공포와 두려움, 심각성, 종말을 인식하니 이미 늦은 것입니다. 그래서 많은 선지자들이 선지식을 취했다는 이유 하나로 오얏 밭에 엎드린 몰골로 나팔을 불어대는 것입니다.

오리는 오리 알을 낳고, 닭은 닭 알을 낳고 악은 죄를 낳고, 선은 사랑을 낳습니다. 죄에서 벗어나라, 죄는 멸망이다, 얼마나 구태의연한 말입니까. 내가 순종을 해야만 하는가보다 할 때는 늦은 것이니, 소돔(Sodom)꼴 안 당하려면 순종하게 하여주심을 감사하게 생각하고, 즉시로 마음을 바꿔 죄에서 벗어나야 합니다.

분노, 증오, 원망, 파괴, 교만, 부정으로는 되는 일이 없습니다. 그럼에도 이것들을 내려놓지 못하고, "주여 구원 하소서" 해본들 구원이 될까요. 누구인들 "분노하고 싶어서 분노하며 증오하느냐?" 그렇습니다. 그래서 어렵다는 것이고 천국문이 좁다고 하는 이유가 있는 것입니다.

순종의 본질은 절대권능자(순리법칙/ 자연법칙/ 하나님), 계율 지킴이

였으나, 먼저 계율을 지키라 하였더니 자유를 얻었기 때문에, 권위를 상실했고 효용성이 없어졌음으로, 작금에 이르러 순종은 결과에 대한 순응이 된 것입니다. 그나마 이마저 거부함으로 멸망의 문이 넓어진 것이지요.

도움 될 듯하면 순종하세요. 필요하면 순응하시고, 살 길이라 생각되면 마음을 바꿔 죄로부터 벗어나십시오. 바울은 스스로 사도되어 자율로 역청구덩이 안에 거하며 참 빛의 진리를 전하였는데, 말을 많이 하였습니다.

답답하였으리라. 그리스도는 십자가로 참 빛을 전하였으니, 우리가 그리스도인의 후예로 후회됨이 없을 것으로 생각합니다.

25
질량 전이의 법칙

~

오늘 이 시간 우리 앞에 펼쳐진 모든 현상은, 자신의 의義와 선과 죄의 결과물임을 우리가 알아야 한다고 말씀(Bible)에서 규정하고 있습니다. 너무도 정확하고 분명한 현실적 결과입니다.

그럼에도 많은 이들이 그 결과에 승복할 수 없음으로 인하여, 죄가 계속 가중되어 늪지에서 벗어날 길이 영원히 사라질 수도 있는 것이지요. 참 진리의 법칙을 우리가 자신의 환경에 맞게 편집하여 대입하고 결과의 답을 기다림이 가중입니다.

오늘 가슴 아픈 일로 슬퍼하는 이, 기대치 않았음에도 절로 하나님께 감사의 말을 드리는 이, 슬픔도 괴로움도 초월하여 마냥 가고만 있는 이, 70억 인류는 각기 나름의 삶을 조각 중입니다.
모든 이들이 어렵고 힘들게 살고 있는데, 홀로만 행복하다면 이 또한 불편할 수가 있습니다.
즐거울 일 없고 기쁠 일 없는 것을, 가식적假飾的으로 만들고 허탕한 웃음 짓는 거짓을 행行할 필요는 없을 것으로 생각합니다.

모든 것은 진실이어야 하고 진실만이 열쇠가 됩니다. 이 진실을 이루기 위해 부단한 마음 닦기를 하고, 호흡을 가다듬으며, 절제된 동작을 하면서 주어진 시간을 귀하게 맞이하는 것이지요. 설혹 불편한 환경이 돌출되어진다 해도 분노하지 않고, 원망하지 않으며 자신의 죄의 결과로 감사할 때, 믿음은 완성이 되고, 그 행行함부터 모든 것을 관장하시어 합당히 결과를 받으면서 구원의 역사를 증거하게 됩니다.

"뿌린 대로 거두리라" 내가 오늘 콩을 뿌리면 콩이 나올 것이고, 선을 뿌리면 선이 움틀 것이며, 악을 심으면 죄악의 열매가 열매 맺을 것입니다. 이 진부하고 누구나 아는 자연순행법自然順行法을 행하기 어렵다면 자유스럽게 뿌리면 됩니다. 다양한 예측불허의 스릴을 즐기는 인생 연출자로 막을 내리겠지요.

톨스토이(Tolstoy)는 자신의 생각과 영감을, 셰익스피어(Shakespeare) 역시 자신의 내면적 세상을 문자로 표출하면서 그 표상물이 자신이 되는 것입니다.

오늘도 우리에게 지혜를 주시고 힘겨울 때 힘을 주심으로, 우리는 하나님께 감사를 드리는 것입니다.

26
황당 논리

인류 역사가 존립해 오는 이래로, 무식자無識者이든 지식인知識人이든 흔히들 성聖자 붙은 서적을 동네북 두들기듯 주물럭거립니다.

민주시대가 도래하면서부터, 물론 되기 전에도 그랬을 것이라 생각되며, 찌그러진 주막이든 새로 지은 주막이든, 취객꾼들은 정신 바짝 차리고 있는, 멀쩡한 대통령이나 그 주변 국사의 중책을 수행하느라 늘 긴장한 탓으로 바짝 얼고, 침식을 잃어가며 노심초사勞心焦思로 포진된, 불쌍한 인물들을, 넋 나간 동태凍太로 결정한 뒤 북어 패듯 나무젓가락으로 연신 두드려대지요.
정적政敵 정당에서는 더욱 심하다고들 하더군요.

물론 필자는 주막과 정당과는 인연이 없는지라 실사정은 모르나, 필자가 머무르는 곳이 지역 특성상 기독교의 대표적 건물이 즐비하게 있는 뒷골목, 마치 소돔(Sodom)과 고모라(Gomorrah)성읍 같은 대로를, 오가는 터인지라, 오며 가며 보며 들은 것입니다. 즉 어깨 넘어 습득한 것이지요.

훌륭한 약장사는 밀가루로 만든 약을 매우 비싼 값으로 팔고, 그 약을 먹은 환자는 스스로 자가 치료가 되어버렸을 때 붙여주는 칭호이지요. 목적적 결과를 이뤘으니 의인義人이 된 것이지요.

그런데 마약 장사는 어떻습니까? 마痲자 얘기만 해도 기동타격대가 헬리콥터 타고 등장합니다.
성경(Bible), 불경佛經은 동네북입니다. 그래서 심산유곡 촌로村老들은 성경책을 찢어서 골연(cigarettes)을 말아 피워야 진짜 담배 맛이 난다고 도회지까지 출타하여 성경을 사다가, 시렁 위 선반에 올려놓는 것이지요. 성경 참으로 훌륭합니다.

노란색은 노란색이고 빨간색은 빨간색일 뿐임에도, 노랑과 빨강은 주황을 위해 존재함과 같이 말하고, 제주도산 귤이 좋다, 캘리포니아(California: 주전체가 금연)산 오렌지가 좋다 하면서 사실인 것처럼 윽박지를 때, 우리는 그들을 재담꾼이라 호칭합니다. 그리고 호객 행위를 하면 약장사가 되는 것입니다. 그럼에도 우리는 즐거워한다는 것이지요.

창조주(god)가 원래 인간을 창조할 때 선하게 창조했다고 했는데도, 순자(荀子: 기원전 298?~238?)라고 이름은 순한데, "인간은 악하다." 하지를 않나, 유학儒學자 맹자孟子는 성선설性善說을 논함으로 당대 학식의 권위자가 된 것이지요. 학문과 철학 위에 믿음이 있느냐, 믿음 위에 학문과 철학을 올려놓을 것이냐, 시렁 위 선반에 놓인 성경은 결과가 다를 것으로 생각합니다.

이것이 우리에게 주신 자유 의지의 귀한 선물이며, 인간이 선택할 유일한 권한입니다.

학문의 허상을 알아야 합니다. 며칠을 굶은 기아飢餓자는 성악이니 성설이니 하는 말에 감동되지 않습니다. 이러함에도 불구하고 아랑곳없이, 오늘도 학위를 만들기 위해 이 무더운 열기를 잊고, 노력하는 영혼, 형제자매들에게 축복된 시간이 함께하기를 원합니다.

27

자아도취

~

　의학적醫學的으로 마취는 매우 중요하여 마취 전문의가 있습니다. 즉 육肉의 기능을 정지시켜 혼령魂靈을 몽롱하게 만드는 효과를 연출하는 것입니다.

　결국 마취를 통해 자율신경계통을 제외한 육을 마비시킴으로 영靈은 집 기능이 마비되자 잠시 떠나게 되는데 육 기능이 회복되지 않으면 영은 육으로 귀환했다 할지라도, 도구가 망가졌음으로 일정의 시간 뒤 영靈은 제 갈 길로 가게 됩니다.

　영靈이 존재함에도 육肉의 소멸로 인해, 영의 기능은 정지하는 것입니다. 이처럼 집이 중요함에도 말씀(Bible)에서 특히 "스스로 사도된 분"은 할례의 의미를 쓸모없는 육肉으로 표현하며, 육의 중요성에 약간의 의문점을 제기했지만, 궁극적으로는 "육이 불필요한 존재다"라고 정의하지는 않았습니다.

영靈이 구원의 길로 들어가서 안식安息할 때까지 육(house)은 중요합니다. 자타가 인정하고 필요함을 과학도 증거하고 있는데, 육을 너무도 박대하며 천시하면서, 정작 자신은 육을 위한 특별한 보양식을 게을리하지 않는다 하면 혀 놀림에 도취되어 횡설수설하는 꼴이 아닌가요.

세상이 하수상하고 불투명한 미래의 불안초조로 인하여, 영적 억압 눌림을 당하여 우리는 스스로, 무엇인가에 도취해 정신을 잃고 싶어 하며, 도취 당하여 신세계로 전향하고 싶어 하는 것입니다. 황폐한 영혼의 초기증상이지요. 우리 모두는 함께 건강한 영육으로 자유와 평화를 누리다가 하나님을 만나러 가야 합니다.

하나님(God)이 계신지有 안 계신지無 따질 이유가 없습니다. 내가 그리스도인이 아니면 예수 그리스도는 서양귀신에 불과합니다. 자신이 불도佛道가 아니면 석불이 아니라 돌조각일 뿐이지요. 그러니 존재론存在論에 너무 집착하면 무지한자 반열에 귀속될 수도 있습니다.

우리가 찾아야 할 것은 진리입니다. 그리고 그 진리를 실천해서 내가 이 땅에 온 목적적 소명召命을 다함이 신(God)에 대해 감사로 보답하는 것이지요.

믿음이란 개인의 문제이지요. 그리고 그 믿음이 소집단화되면서 약간의 맹신盲信적 신앙으로 전환이 됩니다. 그러면서 눈치 빠른 정치적 성향을 지닌 무리가 조합을 결성하여, 종교라 명명하고 핵우산을 펼쳐놓고 잿가루를 뿌려대면서 실력행사를 하는 것입니다.

하나님(God)이 아실는지 모르실는지 확인할 방법도 없고 따질 이유 없습니다.

무엇이든 과過하면 망합니다. 정신 차려야 합니다.

28
계모임

~

우리는 일생을 통해 많은 단체에 관여하게 됩니다.

필수적 단체, 집단, 학교로 시작하여 서클, 동호회, 친목회, 각종 계모임, 모두가 신뢰와 믿음과 상호협동정신을 바탕으로 합니다. 소牛떼나 돼지豚 떼 계모임 행사 보셨나요?

인류의 특권을 모두 모두 누리고, 행사 때면 죄 없는 돈豚과 우牛는 희생양 되어 각종 요리법으로, 행사장을 더욱 빛내 줍니다. 그리고 감사하다며 고성능 확성기에게 유감없는 목소리로 신(God) 이름으로 감사 기도합니다.

언제인가 텔레비전 화면에 커다란 뱀이 둘둘 감겨있는 공간 안에, 웬 닭들이 보초병처럼 서있는 모습을 보았는데, 내용인즉 뱀 (yellow spotted serpent)의 주인이 식량으로 닭들을 몇 마리, 뱀 우리에 넣어준 상황이었습니다.

그러나 뱀이 단식 중이었는지 닭들은 잡혀 먹히지 않았고, 주인장은 뱀 우리 문을 열고 닭들을 나오게 한 것입니다. 그런데 그때 뱀 우리에서 걸어 나오는 닭의 모습을 보게 된 것입니다.

두려움과 공포로부터 벗어나는 닭의 눈빛과 착잡한 걸음걸이가 순간적으로 포착된 것입니다. 주인 입장이야 비싼 사료 주면서 생육시킨 가축을 적절한 용도로 사용함은 지극히 당연합니다.

보호구역에서 벗어나면 생사 보장이 불투명한 닭의 입장은 순종이 최선일 뿐이니, 뉘를 탓하랴. 자신이 닭의 몰골이며, 이것이 자연 섭리인 것을 닭은 모를 수도 있을 겁니다.

이 시대의 신사상新思想이 나로부터라는 개인주의와, 한껏 무르익은 각 개체 권익주의權益主義는 이미 공동체를 시퍼렇게 멍들게 했고, 흉한 몰골로 바뀐 세상은 신사고新思考를 만들어내야 한다며 온갖 퍼포먼스를 해대면서, 내가 바로 뱀 우리 닭 꼴이 되어 있음을 알게 된 것입니다.

멀쩡한 정신과 바른 눈빛은 주위를 집중시키지 못한다고, 해괴망측한 짓거리를 하게 되는데, 이것을 우리는 만족스럽게 즐긴다는 것이지요. 그리고 가벼운 휴지 조각 버리듯 떨어뜨리면 마무리가 되는 것입니다.

우리의 공동체는 희생양을 찾고 있고 언제나 덫이 설치되어 있습니다. 그리고 집단은 고문관을 만들고 노트르담(Notre Dame)꼽추 등 두들기듯 부담 없이 채찍을 날리고 있습니다. 우리의 공동체는 절차와 순서에 의해 그 룰을 지구의 끝 날까지 고수할지도 모릅니다.

슬픈 지구인들이여! 우리가 우리를 모를 때 감사한 것이지요.

29
세상이 변화되는 힘

~

　세상이 훌륭하게 변화되는 힘은, 지역적이나마 다수의 민족, 국민이 노력하고 힘을 기울일 때 나타나는 현상일 것입니다.

　이 시간에도 많은 사람들이 주어진 일에 열심히 몰두하는 반면, 합당한 일을 찾지 못해 엉거주춤 맴맴 도는 이들도 많습니다. 그리고 열심히 일한 이면裏面에는 많은 고충이 있고, 늘 아쉬움과 허탈감으로 불투명한 미래를 열고 있습니다.

　원인도 있고 이유가 있음을 모두가 알고 있습니다. 수년전에는 배꼽을 드러내 놓고 거리를 다니는 사람들이 많았는데, 요즘은 배꼽 찾기 어렵지요. 그 당시 배꼽을 자랑해야만 했던 이들은, "세상이 모두 배꼽을 내놓고 있는데, 나만 가릴 수가 없지 않느냐?" 그렇습니다. 이것이 집단최면증催眠症입니다. 내가 집단으로부터 소외될지도 모른다는 불안감과, 그리고 시선을 집중당하면서 묘妙한 월등의식이 어우러져 나타나는 현상으로, 동물의 세계에서 두드러지게 나타나는 기본적 본성입니다.

말씀(Bible)속에 보면 사람 죽이는 것을, 요즘 닭이나 오리 잡아서 요리하듯 했습니다. 그것도 대량으로 간단히. 삼손(samson)의 경우는 나귀의 턱뼈로 천명을 간단히 죽여서 가을걷이 노적가리처럼 몇 무덤씩 쌓았고, 데릴라(Delilah)는 여색女色에 눈目멀고 귀耳멀더니, 결국 눈이 뽑혀 장님이 되었는데도 최종에는, 돌집 건물을 통째로 무너트려 삼천 명을 죽이고, 결과적으로 삼손(samson)을 위해서 많은 이들이 죽었지요. 삼손 또한 같은 운명의 신세가 되어 자폭하는 시나리오로 막幕을 내리면서, 하나님(God)께서는 "이 모두가 죽을만한 이유가 있어 계획한대로 되었다"라고 하고 있습니다.

우리를 유혹하는 각종 맛있는 음식들, 근사한 의류들과 고급스런 승용차, 품위가 철철 넘치는 대저택, 하루가 멀다 하고 프로그램으로 승부를 건 폰(mobile)을 포함한 각종 전자 제품들을, 칠하고 걸치고 몸담고, 몰골에 따라. 말이 같은 동족이지, 삼손과 나귀 턱뼈에 얻어맞는 인간의 관계라는 것입니다.

이제 우리는 나를 찾아야 합니다. '내가 누구냐?' 철학 시간 노 교수가 두꺼운 안경 너머로 '자성自省이 뭐냐고?' 하는 논리가 아닙니다. 우리 모두는 우리를 구속하고 나를 황폐하게 만드는 무리가 누구이며, 무엇인지 알아야 합니다.

주막집 오월이가 따라주는 동동주에 정신 못 차리고 계속 마시면 망신만 남습니다. 우리 민족의 장점이요, 단점이 함께하면, 장사치 엽전葉錢이 되는 격이지요. 우리는 세계 어느 민족보다 영격靈格이 높고 고품위의 인격을 가졌으며 법이 없어도 촌락을 만들고 살 수 있는 민족성이 있습니다.

이 훌륭한 민족을 변증법辨證法을 기반으로 변절 변종變種된 인물들이 자신들의 영달을 위해 역이용하고, 수많은 시간을 고통스럽게 살아오면서 우리의 민족성이 훼손되어 버렸습니다. 히틀러(Adolf Hitler Born in 1889) 가 그렇게 우수優秀한 종種인가요? 그렇다고 유대인(Israeli)들이 그런가요? 영원히 구원될 수 없는 종족이 유대족猶太人들이지요. 물론 말씀(Bible)속에서 그렇습니다.

주모酒母 오월이가 권하는 동동주 잔을 과감히 물리쳐야 합니다. 멀쩡히 잘 굴러가는 자동차를 폐차하고 새 차를 구입함은 오월동주吳越同舟격입니다. 통화하는데 전혀 문제없음에도, 비싸야 할 이유가 전혀 없는 신종 폰을 밤새워 눈 빨개가며 줄 서서 구입해야 할 이유가 뭔가요. 데릴라가 삼손 눈 뽑기입니다.

60년대 유흥가 여성 패션이 오늘날 대한민국 지성인 평상복이 된 것을 알고 계시지요. 그 시대에는 그나마 품위라도 내걸고 불쌍히 여기기라도 했거늘, 작금昨今에는 아예 자포자기自暴自棄 되어버린 것이지요.

역易으로 거슬러 올라가면 우리는 한 조상을 만나게 되므로 동족이라고 하는 것입니다. 부모 형제 가족 이웃들이 잘못되어 감이 즐거울 수가 없습니다.

열심히 일해도 노예에서 벗어나지 못할 수 있습니다. 늘 마약우산 그늘에서 떨어지는 마약먼지 마시며 생生을 마감 할 수도 있습니다. 분연히 거부하고 일어서서 이 땅의 주인이 되어야 합니다. 혼자는 어렵습니다. 그래서 함께해야 합니다. 무엇을 함께해야 할까요? 마음과 뜻과 의지를 같이해야 하는 것입니다.

가장 미련한 종족이 자국인들을 황폐하게 만드는 장사치, 정치가, 교육자들이지요. 적국敵國을 상대로 그 황폐시키는 기술을 실험하고 목적을 이뤄야 함에도, 같은 동족의 믿음을 이용해서 목적을 취함으로 말씀(Bible)속 가증한 자들이 되는 것입니다.

죽을만한 자들은 하나님께서 모두 알고 계신다고 했으니 걱정할 일은 아닐 것으로 생각합니다.

30
이상한 모니터 화면

❧

어느 날인가 어깨에 힘을 많이 주시는 분을 만났는데, 그분 왈 동네에 무도장을 세워 놨더니 도전을 심심치 않게 받는다 하면서, 숨 막히는 한판승부사 무용담武勇談을 열심히 열거하였습니다.

필자는 어깨에 힘줄 근거가 없는지라 매우 무료한 시간이었고, 수일이 지난 어느 시간에 웬 모세(mose)의 혈통을 이어 받은 모습을 한 사람이 나타났습니다. 그리고 초면 인사도 신통치 않게 하면서, 자신은 필자 머리 위에 떠있는 예수 그리스도를 보고 있는 중인데 안 보이느냐는 것입니다.

필자가 불도佛徒가 아닌지라 잘 모르나, 불가佛家나 선도仙道에는 선문답인지, 동서문답인지 있다고 하면서 자신이 "꺅" 하고 말하면, 필자인 내가 "헉" 하고 답을 해야 하는데, "도통 반응이 없고 무식無識하다 그대는 가라지라" 하고 판결을 내려 주신 분이 있었습니다.

필자 또한 화답하기를 "사실 내가 아는識 바가 없어 늘 걱정이었는데 참으로 족집게 무당이다. 나의 무식無識함을 알고 있다니 매우 훌륭하다. 그리고 그대가 들고 다니는 것이 모세(mose) 지팡인지 아론(Aaron)의 지팡인지는 모르겠으나 용도가 무엇인지?"

대답 왈 "다리가 아파 딛고 다닌다"라고 하였지요. "그런데 왜 홍해紅海를 가르는 모세 지팡이처럼 보이게 하느냐" 하니까 "모세? 모세가 뭐하는 분이냐?"라고 대화는 마무리되었습니다. 물론 정신병동에서 나눈 대화는 아닙니다.

텔레비전에서 똑같은 내용을 다수多數가 시청하면 사실이 되고, 전혀 틀린 내용을 혼자만 시청했다면 헛것이 됩니다.

결국 이마에 눈目 하나 더 붙이고 헛것을 보면, 조만 시간 내 화형식火刑式 매달릴 순서가 된 것이지요.

그리스도인(Christian)이 하나님(God)과 예수 그리스도(Jesus christ) 아니 만나고 예수쟁이(Christian) 될 수 있나요. 부처佛陀를 만나야 불도佛徒가 되는 것임은 당연한 것을. "나의 성경책(Bible)은 빨간 펜으로 되었는데, 그대 성경은 아직도 노란 펜인가?" 한다면 자신만 보는 모니터, 이상한 나라의 피터팬(Peter Pan/ 1904:Scottish novelist James Matthew Barrie)이 되는 격입니다.

이러한 증상으로 골머리 앓는 분이 있다면 치료법은 간단합니다.

아주 열심히 특히나 육체적으로 숨이 끊어지지 않을 정도로 중노동을 하고, 허기진 배를 꽁보리밥으로 채우면 이상하게 보이던 모니터 화면이 정상으로 돌아옵니다.

모든 원인은 남아도는 에너지의 역반응逆反應으로 인한 현상이니, 에너지를 완전히 소진시켜서 염念이란 자체를 소멸시켜 버리면 간단히 치료됩니다.

31
기가 막힘

아연실색의 환경을 보면 모두가 중얼거리는 단어이지요.

사실 기氣가 막힌다는 것은 생각만 해도 끔찍한 결과임을, 아는 분이 많지 않을 것으로 생각합니다.

당연히 기수련원에서야 전문가 입장이니 기를 오죽이나 잘 다루

시겠습니까. 보통 평범한 입장에서 볼 때 그렇다는 것입니다. 그렇다면 우리가 사는데 기가 언제 어떻게 막히느냐, 그리고 기가 막혀서 문제되는 것이 무엇이고, 우리가 이 위급하고 초조한 삶을 사는 것은 기가 막힘과 무슨 연관성이 있을까요?

그렇습니다. 훌륭한 삶 아름다운 삶이란 기가 순행巡行하는 것으로 그런 삶은 축복받은 삶이 되지요. 세상사 모든 일이 순리順理를 역逆하면 막힙니다. 결국 나약한 자가 헤라클레스(Hercules)처럼 만용蠻勇을 부리면 부러지든가, 안 부러지면 기가 막혀 버리고 생시신生屍身 신세가 되는 것입니다.

무리한 힘을 사용하여, 일정한 법칙으로 흐르는 에너지를 변조시키는 것인데, 말씀(Bible)속 유월절 행사에 참여하는 야곱(Jacob) 후손들처럼 허리띠 꽁꽁 매고 신발 끈 질끈 맨 상태에서 지팡이 짚고 서서, 급히 먹는 음식은 체하기 마련입니다. 기가 막힘의 혹독함은 직접 기가 막혀 보지 않고서는 이해하기 여간 어렵습니다.

누워도 누워 있을 수 없고, 앉아도 앉아 있을 수 없으며, 호흡도 제대로 할 수 없고, 육체적으로 조그만 힘을 가하면 숨이 가빠지면서 죽을 것 같고, 음식을 섭취해도 소화시킬 수 없으며, 아무것도 할 수가 없습니다. 음식 섭취 즉시 그것도 소식으로, 소화제를 동시 복용하지 않으면 합병으로, 병원 입원신세를 면할 수 없고, 정신적 으로 육체적으로 미쳐버리게 만드는 것이 기가 막힘 현상입니다.

이러함은 언제 형성될까요? 주로 자율신경계통 기 흐름을 타율적 즉 의식적意識的으로 조절하려다가 초래하는 무서운 현상이지요. 신(God)의 저주 차원입니다. 자연섭리란 법칙에 의해 순행順行하는 것이거늘, 오만한 인류가 신성神性 영역을 들어서며, 준비도 갖추지 않고 방자히 객기客氣를 부릴 때 나타나는 결과물입니다. 자신이 무 의식적 실수로 기를 손상시킬 경우도 결과는 같습니다.

우리는 단순히 기막힘이라 표현하지만 이것은 우주순행宇宙順行 질서이지요. 이 시대는 힘의 논리에 의해 세상이 운행되고 있습니 다. 그래서 자연 순풍 따라 마젤란(Magellan)이 희망봉을 돌던 때와는 다른 것이지요. 그리고 순행順行의 기운氣運을 힘의 논리로 제압했 다 해도 일정의 시간 뒤에는 화산이 폭발함과 같이 거대 역반응逆反 應으로 기는 제자리로 돌아가게 됩니다.

그래서 우리는 자연으로 돌아가야만 합니다. 힘의 논리는 파멸破 滅입니다. 자연 순행기順行氣만이 무병장수 영생을 보장하는 것입니다. 정치 경제 사회 문화 의식 사고가 자연 순행법칙으로 바뀌지 않으면 안 되는 것이지요. 내일 사망으로 이른다 해도, 오늘 페라리(Ferrar) 자동차를 운전해야 한다면, 인류의 영생 보장은 불안할 수 있습니다.

하나님은 질서宇宙順行의 하나님입니다.

32
영원한 미소 모나리자

~

오랜 나그네 생활을 한 사람들은 어느 곳을 살펴보아도 방랑자放浪者의 모습이 배어나옵니다.

오랜 풍파를 견뎌낸 바위 역시 깎여 있음을 볼 수 있고, 아름드리 고목古木도 외피가 많이 터지고 뜯겨져 세월의 긴 여정을 증거하고 있는 것이지요.

성자의 얼굴 역시 고통과 분노와 참음과 감사와 연민이, 뒤범벅

되고 웅어리져 고약 덩이와도 같은 혼체混體가, 깊이 팬 주름 안에서 흘러나오고 있음입니다. 이것이 우리의 삶이요. 종말이 되면서 긴 여정旅程 마무리하고, 여명餘命의 안식으로 들어가게 되겠지요. 어느 누구도 피할 수 없습니다.

말씀(Bible)속 '예수 그리스도'께서는 승천하시었고, '엘리야' 역시 생육生肉으로 들림 받았다고 하면서, 떨어진 겉옷만 엘리사가 주워 걸치고 다녔다 했습니다. 동서고금東西古今을 통해 살아서 하늘로 올라간 이를 찾을 수 없습니다. 작금昨今에 와서는 나사(National Aeronautics and Space Administration)로 인하여 "아직도 직독直讀을 하는가, 영독靈讀을 해야한다, 이런 이런 부드러운 음식만 즐기냐? 불쌍하도다" 하면서 영독靈讀이 대세大勢를 이루고 있습니다.

결과적으로 70억 개의 영독靈讀 작품을 출간할 수가 있다는 결론이지요. 참으로 불쌍한 인류입니다. 얼마나 많은 벼락을 맞아야 정신을 찾을 것인가요. 구약 39권을 통해 가르고, 자르고, 베어버리고, 쓸어버리고, 태워버리고, 물에 담겨 버리는 등 단어 쓰임부터가 섬뜩하기 이를 데가 없는 것이지요.

레오나르도 다빈치(Leonardo da Vinci) 작 '모나리자(Mona Lisa)'라 할

지라도 나무쫄대에 포목으로 덮어씌우고, 물감으로 그려 놓은 그림을, 일반 계산기로는 동그라미 표시도 안 되는, 황당한 가치를 부여해 놓고, 그림 앞에 서서 진정한 명화의 진수는 자신만이 느낄 수 있다 하면서 괴이한 표정을 지어대며, 감동받아 실신失身의 일보 전까지 가야만 하는 건가요? 모나리자인지 벼나리자인지를 우주 폐기물로 지정하자는 뜻은 아닙니다.

우상偶像이란 아무런 가치가 없음에도 하나님도 깜짝 놀라워하는 의미와 가치를 부여해 놓고, 그 앞에 서서 사색死色이 되는 것을 말하는 것이지요. 직독直讀도 아니요 영독靈讀도 아닌, 현실적 황당한 인류의 가증스러움입니다. 더욱이 많은 나라들이 '레오나르도 다빈치'도 없고, '모나리자'도 없는 것을 통탄과 아울러, 부러운 눈빛을 쏘아대며 틈만 나면 배낭매고 쫓아가서 경배하고 온다는 사실입니다.

그러니 인류가 벼락으로 몸살을 앓는 것입니다.
올 여름 벼락 맞지 않아야 할 텐데 멀쩡한 인류와 '레오나르도 다빈치' 타령하다가 벼락 맞을라!

33
최후의 승리자

∽

장마철 후덥지근한 여름날 오후.

서두문 절節 자체가 끈적끈적하고 뭔가 비비 꼬이며 뒤틀림 현상
이 있을 것 같다고 생각되는군요.

우리는 흔히 같이, 함께, 나눔, 사랑 그렇게 말들을 하지요. 그리
고 그 단어들은 정치적 성향을 가지고 기초하였음을 의식하게 만들
고, 아울러 비현실적 단어를 열거하는 자는, 도대체 무엇을 목적으
로 하느냐로 귀결됩니다.

호된 시집살이가 호된 시어머니를 만든다. 혹독한 훈련이 '맹호猛
虎부대'를 만든다고 합니다. 물론 하늘에서 떨어지는 '독수리부대'
도 있습니다. 사실 필자는 '백마白馬부대'이지요. 그러니 전투는 신
통치 못할 수 있습니다.

전쟁과 전투에서 "선생님 먼저 저에게 권총 한방 쏘시고, 귀국이

먼저 미사일(missile) 발사發射 하세요." 하면서 예의 갖춰, 다툰다는 전사戰史를 들어본 바 없습니다. 요즘 사회 곳곳에 배은망덕背恩忘德한 예의를 갖춘 이畵들이 많이 있고, 살펴보면 우여곡절畵이 있음을 알게 됩니다.

초년初年에는 바른 자세로 어른을 공경하며 세상을 겸허히 임했으나, 어느 틈에 세상이 자신을 속이고 있고, 이용하고 있음을 알게 된 것이지요. 우리의 삶입니다.

그래서 우리 모두는 그에 걸맞은 대책을 강구하였고, 그중 첫째가 '유유상종類類相從'클럽을 구성하고, 세력을 확장하면서 괴물집단으로 성장 육성시키는 것이지요. 단체는 단체로 개인은 개인으로 예의라는 것은 문헌文獻상에 존재하는 단어요, 사랑은 성경(Bible)속에 나열되는 미사여구美辭麗句로, 그러면서 "이 세상은 나를 위하여, 그리고 그대들은 나를 위한 번제물이요, 소제감이라, 감사하도다." 하는 것입니다.

'나를 중심으로 세상을 보라'는 구호가 우리 인류의 훌륭한 현대철학과 이념을 대변하는 것입니다.

그러니, 세상이 70억 개의 세상으로 팽이 돌듯 돌아가고, 요지경에, 역청구덩이, 날벼락, 혼돈의 지구를 연출하고 있는 것이지요.

말씀(Bible)에서는 죄를 선지자들에게 떠넘기며 회피도 했는데, 이 시대는 선지자가 나타났다 하면 즉시 즉결심판卽決審判하는 꼴이라, 나 선지자라고 감히 말하는 이 없으니, 누구를 탓하리요, 모두 제 탓입니다.

'스스로 사도된 분'은 "선악을 구분해야 한다. '아버지 하나님!' 하면서 고함치고 난장판 만든다고 해결되는 것이 아니다"라고 했음에도, '아버지 하나님!' 하며 외쳐 부름으로 만사형통萬事亨通화 하고 있습니다.

"선악도 모르냐, 불쌍한 중생아!"라고 말하는 것은 누구나 가능한 말입니다. 선악을 구분해서 선을 살리고 악을 죽이는 실천을 했을 때, 선악이 구분된 것입니다.

악과 적당히 결탁해서 실리를 취하고 시치미 떼는 것을, 하나님(god)이 모른다고 생각하면 무지無知한 자者가 되는 것입니다.

유럽의 어느 나라인가 도심 속에, 작은 개천 같은데, 강이라 호칭하며, 관광객을 상대로 뱃놀이까지 하고 있지요. 그 뱃놀이 선착장에 어느 날 중공국민中共國民을 가득 실은 버스가 나타났었고, 버스 문이 열리자마자 중공국민中共國民들이 손에 손에 가방, 보따리를 들고, 몸에 붙은 불을 끄기 위한 것처럼, 엄청난 속도로 선착장 매

표소를 향해 뛰기 시작하는 것입니다.

13억:1의 경쟁 속에 살아가는 국민들의 단련된 생활관일 것입니다. 이것을 우리는 억척스럽게, 독하게, 적극적으로, 내가 손해 볼수 없다, 라는 가치관 아래 자연스럽게 형성된 민족문화철학民族文化哲學이라고 명名할 수 있습니다.

요즘 흔히 지하철 환승장에서, 에스컬레이터 입구를 향해 뛰는분을 볼라치면 아마도 중공국민中共國民이 왔는가 보다 하면서 회상을 합니다.

34
면죄부

세상 만물이 운행運行되기 위해서는 그에 걸맞은 운영프로그램이있어야 하겠지요. 사거리 교통정리도 신호 체계가 미흡하면 차량들이 뒤엉키지 않습니까.

당연한 것을 특별한 것처럼 위장하고 호들갑 부리면서 세상을 시끄럽게 하는 일들이 종종 있습니다. 모두가 무료無聊하고 심심하여 나오는 결과일 수도 있습니다. 결자해지結者解之라 원인 제공자가 해결함이 마땅하다. 그렇습니다. 당연한 논리이지요.

그럼에도 불구하고 어느 시대 기점으로, 죄는 내가 짓고, 죄사함은 그대가 해야 하며, 재주는 곰이 부리고 대가代價는 내가 받아야 마땅하다는 논리가 합리적으로 인정되었고, 전문專門 재주꾼과 전문專門 죄사함 꾼들이 난립亂立되기 시작한 것입니다.

우右든 좌左든 내가 즐겁고 만족하면 된다. 당연한 것인가요? 멸망으로 가는 길이지요.

말씀(Bible)속에 아담은 자유를 만끽하며 천상천하天上天下 부족함 없는 방만한 삶을 즐기고 있는 중, 갈비뼈가 튀어 나오면서 행복은 순간이고 고통은 영원한 멸망의 나락奈落을 맞이합니다.

그리고 성경(Bible)의 본격적 시나리오 사건들이 즐비하게 나열되기 시작하지요.

직독直讀하면 이브에게 꼬임당한 대가이고, 우회右回하면 몽롱한 생활 관습에 젖어 판단 무기력 등 게으름의 대가일 수 있으며, 극작가 입장이면, 이브만 없었다면 성경(Bible)은 없었을 수도 있었구나 하고 직해直解할 수도 있습니다.

그러나 누구나 선호하는 영독靈讀을 하면 하나님의 계획하심대로 되었다 할 수가 있지요.

하나님의 계획하심을 우리가 알 수는 없습니다. 전능하신 하나님은 불쌍한 인간들을 잊지 않고 다만 적절한 시간에 합당한 인물을 선택하시어 알려줘 왔음으로, 앞으로도 그럴 것이라 믿을 뿐입니다.

한편, "많은 무리들이 자신의 하나님으로부터 계시啓示도 받고, 안내도 받고, 일일 스케줄까지 받으면서 행복하고도 거룩한 삶을 즐기는 분들이 부지기수다"라고들 말합니다. 선택받은 하나님의 백성이 된 셈이지요. 참으로 훌륭한 하나님입니다.

나도 빨리 선택되어야 할 텐데 걱정이군요.

본론적으로 우리가 논論해야 하는 이유가 여기에 있습니다.

우리 모두가 지금부터 세상의 이브들을 모두 우주로부터 퇴출退出시키자는 것은 아닙니다. 배역을 잘못 받은 가룟 유다(Saint Jude)나, 이브(Eve) 배역을 한 마담(madam)이나 불쌍하기는 동격同格이 될 수 있습니다.

어쨌거나 성경(Bible)은 이브(Eve)의 불씨가 화근이 되어 오늘 이 시간까지도 세상을 시끄럽게 만들고 있습니다.

그렇다면, 하나님은 왜 이브를 시켜 아담을 꼬여 시험에 들게 했을까요? 아버지와 아들의 관계인 사이에 우리가 모르는 뭔가 있을까요? 있습니다.

우리의 마음, 뜻과 의지는 너희의 몫이라고 했습니다.

하나님께서 성경(Bible) 구구절절句句節節이 "마음을 바르게 하라, 구부러지면 안 된다", 즉 하나님의 영역 밖에 있음을 시사한 것이며, 육신肉身에 갇힌 영혼들은 오로지 자신들만 의지적 결정권이 있다는 것이지요.

결국 하나님은 완전한 인간 아담을 창조하셨고, 권능과 부富와 평화와 자유를 모두 듬뿍 주셨습니다. 그러함에도 인간의 다양한 의지적 결과로 인해, 모두 잃어야만 하는 슬픈 운명의 소유자들이 속출되고 있는 것이지요. 더욱이 마음수양은 심산유곡深山幽谷 청운도사님들이나 하는 것으로 생각하고, 한 주간 쌓인 죄를 저울에 달아, 적절한 화폐로 면죄免罪를 스스로 하고, 매우 만족해 한다는 것이며, 더욱이 죄의 테두리가 너무도 완화되어 당연한 권리로 변질되었으니 더욱 난감한 것입니다.

이미 1517년에 면죄부免罪符는 효력이 없다고 했음에도, 이 시대까지 암암리에 통용되어 대중적으로 보편화되었으니 심판審判의 날이 당겨질지도 모릅니다.

이번 주 거룩한 주主의 날日은, 지상에 꼭꼭 숨겨진 면죄부들이 곰팡이 균으로 모두 삭아지도록 목청 돋아 통성기도 하시기를 바랍니다.

35
돼지 코에 금(Gold) 고리

∾

우리 모두는 흔히 말하기를 자신은 몹시 거룩한데, 상대가 너무도 천박淺薄하여 상대할라치면 매우 불편함에도 구제救濟와 사랑 정신으로 응대하는 중이라고 말을 합니다.
물론 언어로 표현은 안 했어도 내심內心이 보인다는 뜻입니다. 프로이드(S. Freud) 정신분석학(psychoanalytic theory)에 있는 내용입니다.

동물의 세계에서 흔히 있는 처세술處世術이지요. 맹수가 먹이 감을 사냥하는데 예우를 갖추고 품위를 지키며 공익정신公益精神을 바탕으로, 사냥한다고 들어 보셨나요?

오늘 거룩한 주主의 날을 맞이하여 은혜가 넘쳐 대하大河를 이뤘는데, 서산에 태양이 기울어진 이 시간에 뭐가 뒤틀린 것인가요?
누가 준 것도 받은 것도 없는데 스스로 마약에 도취당한 불쌍한 인간들처럼, 땅바닥을 기면서, 자신은 땅위를 날고 있다고 생각하고 말하는 것이지요.

마약 먹고 도취하나, 스스로 환상에 빠져 몽롱한 인간이 된 것이나 초록동색草綠同色입니다. 결국 자신의 죄업罪業을 주체하지 못하고, 오늘도 계율을 어긴 것이지요.

과학에서는 인류가 일정 시간마다 한 번씩 멸망을 하고 새로운 인류사 시작하기를 반복하여 왔다고 증거를 제시하고 역설逆說하지만, 어느 누구도 그 멸망이 자신이 죽는 시간으로 생각하지 않는다는 것이지요. 그리고 오늘도 내일도 지나간 과거처럼 열심히 표적사냥을 하면서, 증오憎惡와 원망과 분노와 희비喜悲를 분주히 오가며, 동물의 왕국 일원一員으로 손색없는 역할을 하고 있는 것입니다.

우리가 행行하는 일거수일투족一擧手一投足이 누군가 프로그램 내용대로 진행되고 있다면, 인간들은 스스로 목메고 하직下直할 수 있습니다. 그렇다고 전혀 그런 일은 없다고 말할 수도 없습니다. 물론 이 같은 내용은 창조주(God)의 몫이지 우리의 고민거리는 아닐 것입니다.

동물 중 가장 악독한 맹수猛獸가 뭔가요? 아무리 훌륭한 발톱과 턱을 지닌 사자도 삽시간에 수천 명을 물어뜯어 죽이지 못합니다. 답답한 일이지요. 그래서 더욱 동물적이 되는 것이지요.

진리로 해결할 수 있을까요. 진리를 알아야 진리를 묘약으로 쓸 수 있는데, 진리 자체를 모르는데, 진리를 찾았다 한들 돼지 코에 금 고리입니다.

홀로서 진리를 가졌다고 세상이 바뀌는 것은 아닙니다. 다수가 진리적眞理的일 때 참 목적이 이뤄지며, 다수의 세력이 진리가 되는 것이지요.

군락 군단은 세력의 표상이 되고, 당대의 진리로 인정되는 것입니다. 진리의 기본은 환경적環境的이나 시대의 영향을 벗어나 늘 떠 있는 태양, 달과 같음이 진리입니다.

36
아름다운 금수강산 해골동산

～

　오늘도 우리는 무엇을 찾고 왜 행行하며 번뇌하고 슬퍼하며 애통해하고 있을까요? 그렇지 않다고요? 그럴 수도 있습니다.

　적절한 시기마다 매스컴 매개체와 집단풍토는 해괴한 단어를 연신 사용하면서 주변을 긴장시킵니다.
　요즘 기독교 강해자講解者 들은 '하나님의 말씀'을 '하나님의 언어'라고 말하면서 수억 년 감춰진 비밀의 진리를 발견하고 해결한 듯 연신 언어의 중대성과 절대성을 열심히 열거합니다.

　인간과 동물을 구분하는 첫째 기준으로 언어가 있겠죠. 복합구성과 단순성과 깊이와 넓이에 따라 고급언어 저급언어로 구분되고, 민족의 우위성과 존엄성까지 구분하지 않습니까? 그러함에도 출처도 분명하지 않고 근거도 없이, Bible='거룩한 말씀'을 Bible='거룩한 언어'라고 하면서 상의는 양복이요, 하의는 반바지, 짚신 신고 횡설수설해대며, 물에 빠져 허우적거리는 피폐한 영혼들을 물속으로 밀어 넣고 있는 격입니다.

그럼에도 불쌍한 영혼들은 아멘(A men)만 연발하고 있으니 대한민국 해골동산 되는 격입니다.

뿐만 아니라 해골 사이마다 십자가(+)까지 세워져 있으니 유령세상이 된 꼴입니다. 이 모두가 무료하고 심심하여 나타나는 현상일 수도 있습니다. 부정不正을 위한 부정이 아닌, 학위를 위한 논리가 아니기를 바라면서, 세상의 모든 피사체는 각기 쓰임의 목적이 함께하고 있음으로 목적적 역할을 하고 있을 것으로 생각합니다.

37
다윗 전법戰法

～

다윗(David)은 성경(Bible)에서 매우 중요한 인물로 다분야에 걸쳐 관여하면서 말씀(Bible)을 빛나게 하는 도구가 됩니다.

우리가 다윗(David)을 말할 때, 분명한 목적이 있어야 한다는 것이지요.

다윗(David)이 가졌다는 능력 때문일까요? 다윗(David)의 믿음 (believe) 때문일까요? 다윗(David)만이 가지고 있는 선택받음 때문일 까요?

모두가 알고 있듯이 하나님(God)으로부터 각별한 보호받음과 그 결과로 인해 그가 누린 영광을 그려보게 되는 것이지요.

세상 만물이 각기 소명과 지음 받음의 목적이 있으니, 다윗(David) 은 다윗이요, 솔로몬(Solomon)은 솔로몬입니다. 단지 다윗(David)을 분해해서 연구를 한다면, 반드시 그에 준한 결과물을 얻을 수도 있 다는 것이지요.

말씀(Bible)은 믿음(believe)입니다. 그래서 믿음을 빼면 논 할 것이 없고, 목표설정이 안 된다는 것입니다. 그러면 모두가 알고 있는 이 믿음(believe)을 인류의 과제로 이 땅에 많은 명답名答을 쏟아 놓았음 에도, 이 시간 믿음을 논해야 하는 이유가 뭘까요?

믿음이 뭐냐고 설說하라 한다면, 물색을 뛰어넘어 빛의 색色만 큼이나 다양하게 내놓을 것입니다. 모두 정답이지요. 그런데 말씀 (Bible)에서 설하는 믿음은 행行을 동반하는 믿음이요, 우리가 논하는 믿음은 논리적 믿음이라는 것이 조금 차이가 납니다.

그러면 말씀(Bible)에서 행行하는 믿음을 말할 때, 인류는 왜 논리적 믿음으로 전환이 되었을까요? 다양한 이유가 있을 것입니다. 하나님(God))의 믿음이 자연스레 자신의 믿음으로 바뀐 것은, 말씀 받은 자신이 아니라 나와 같이 거居하는, 우리가 의식하지 못한 어떠한 힘靈的에 의해 바뀌었을 수도 있다는 것이지요.

나와 함께 거居하는 영성靈性은, 악을 생각하면 악이 튀어 나오고, 선을 생각하면 선이 드러나는 영성靈性입니다. 민주당원이 많으면 민주당 정책이 국가의 정책이 될 것이고, 공화당원이 많으면 공화 정책이 지배할 것입니다. 양쪽 반반이 되면 다툼으로 망하는 것이지요. 이것을 말씀(Bible)에서는 [계3:16] 뱉어 버린다고 했습니다.

그래서 말할 때 모두가 '자기의 믿음'을 말합니다. '하나님의 믿음'을 설說하는 것이 아니고, 결국 논리적 믿음만 엄청 쌓아서 신학神學 학위자들만 줄줄이 배출하고, 걸림 돌들만 여기 저기 만들어져, 모두 모두 넘어지고 깨지고 있는 것입니다.

마약중독자들은 마약으로부터 벗어나고 싶어도 나오지 못한다 합니다. 물론 중독자가 되어 연구하면 알 수도 있겠지만, 꼭 중독까지 가지 않아도 알 수 있습니다. 죽기를 각오하고 마약의 굴레를 벗어나면 될 텐데 죽기를 각오 할 수가 없습니다. 왜냐하면 죽음이 두려우니까요.

세상일 죽기를 각오하면 모두 이룰 수 있습니다. 바로 이 시점까지가 사도 바울이 말하는 [히5:12] 죽이나 먹는 믿음입니다.

죽기를 각오하고 이뤘는데 이룸과 동시에 공허와 허전함이 함께 한다는 것입니다. 이 상태를 공황이라 칭하고, 이 공황을 메우기 위해 다시 마약을 사용해야 하는 것이지요. 마약뿐 아니라 만사가 동일합니다.

그렇다면 어떻게 해야 할까요? 진리가 답입니다. 진리를 알아야 하는데, 진리란 법칙을 말하며, 법칙을 모르면 망亡하는 것이지요. 말씀(Bible)에 [잠10:21] 지식이 없어 망하도다 하지 않았습니까.

진리요 법칙이 어디 있을까요. 우리 모두의 책장에 꽂혀있지 않습니까? 살아계신 하나님이 거하시는 성경(Bible)을 숨도 쉴 수 없도록, 책장에 꽂아 놓고 이야기 책(Aesop)이라 하면서, 우리 모두는 황량한 광야에서 홀로서 때로는 무리지어 열심히 헤매고 있는 것이지요.

다윗은 무엇이든 하나님께 감사했습니다. 선악 간의 모든 역사를 감사한 것입니다. 그리고 굳건히 기다린 것이지요. 죽기 살기로 믿음의 끈을 놓지 않고 때가 이르매 그는 성경의 대표적 인물로 우뚝 서게 된 것입니다.

순종의 영광이 필요하다면 말씀대로 하면 됩니다.

제3편

종결

반딧불

∾

대답 없음에도 부름은 오기를 기대함이요.

오지 않는다 해도 부름은 사랑을 베푼 것이니

뉘를 탓하리 바로 네탓이로다.

∾

01

떠나보내지 않으면 지구 끝 날까지

~

자연의 섭리는 진리이며 창조주의 법칙임으로 만물의 근원과 순행법順行法을 반드시 따라야 합니다.

100m 초단거리 육상 트랙을 달리는 선수가, 노르망디(Saint Lo) 상륙작전에 참여하는 육군陸軍 보병차림으로 출전하면 100% 탈락할 것입니다. 누구나 다 알고 있는 내용이라고요?

그렇다면 실제로 완전군장하고 100m 트랙에서 벤존슨(BenJohnson)하고 대결代決해 보셨나요?

텔레비전에서 보면 가끔 법정에서 말씀(Bible)에 손바닥 얹혀놓고 "나는 오로지 진실만을…"이라는 말을 읊조리는 모습을 볼 수 있습니다. 즉, 누구나 거짓말을 할 수도 있다는 가정 하假定下에, 최선책으로 맹세라도 시켜야 된다고 생각했을 것입니다. 성경적(Bible的)으로는 맹세하지 말라했는데 인류는 성경(Bible)에 손 올려놓고 맹세하는 것이지요.

형태는 틀려도 결과적 동류同類의 관행은 지구상에서 늘 일상처럼 이뤄지는 행사들입니다.

스스로 사도使徒된 분은 율법이 없으면 죄도 없다고 매우 당연한 말을 했습니다. 말씀(Bible)에 진리가 없어서 인류가 벼락 맞고 있습니까? 아니면 과학기술부가 아니라, 과학기술이 부족해서, 하늘 높이 날라고 만든 비행기가 땅바닥으로 곤두박질치고, 물에 떠 있으라고 만든 배가 뒤집혀 물속으로 잠수해 버릴까요?

모두가 오만傲慢으로 발생한 일들이 될 수 있습니다. 겸허와 진심 어린 마음가짐이 부족한 탓으로 흘러나온 탁기濁氣가 흐름을 바꿔 버리는 것이지요. 그리스도(Jesus Christ)께서는 허공虛空을 걸어 뭍으로 나오시었는데, 베드로(St. Peter)의 탁기는 물속으로 들어가야만 하는 것입니다.

세상 누구도 자신의 의지와 뜻대로 행行하여 원하는 결과를 얻을 수는 없습니다. 단지 그렇다고 착각을 할 뿐입니다.

우리는 오로지 최선을 다할 뿐이고 그에 준한 보상은 섭리攝理에 따라 나타난 것입니다.

무엇을 행行함에 우선은 자신의 마음가짐이 충忠해야 합니다. 충忠은 중심입니다. 다음은 최선을 다해야 하겠지요.

필자는 운전할 시 필연적 이유로 시속 200km 이상 부지런히 달려갈 때가 있었는데, 두 손에 땀이 배도록 핸들을 잡았지요. 이 시점에서 객기客氣나 오만傲慢이 스며들면 바로 곤두박질로 연결됩니다.

하나님(God)은 우리 인간을 이 땅에 배출하실 때, 벤존슨(Ben Johnson)처럼 패인 런닝셔츠(undershirt)에 수영복만 걸치고 뛰어다니도록 했을 수도 있고, 무더운 삼복 더위에 가사장삼 삿갓에 묵직한 지팡이 들고 동네를 배회하도록 했을 수도 있습니다.

모두는 이유가 있어 행行하는 것이니 당연한 일일지도 모릅니다.

마음을 닦는데 비용이 필요하지 않습니다. 이 시대는 무엇을 하던 많은 비용이 투자되어야 훌륭한 것이, 그럴듯해 보인다는 괴이한 철학가들이 많습니다. 패망으로 가는 대로(highway)입니다.

요즘 세상에 마음 닦는 방법을 몰라 석탄열차(Coal trains) 유리창 마음으로 살고 있는 분이 있을까요.

마음을 닦을 필요성이 없었던 것입니다. 이 치열한 경쟁 터 위급한 시간에 마음을 닦는다고요?

그래서 끝없는 패망의 나락으로 곤두박질치는 중입니다. 이뤄도 만족이 없고 쌓아도 끝이 없으니, 다람쥐 쳇바퀴 돌다 언젠가 내려

오듯, 절망과 공허空虛로 정신공황精神恐慌 상태를 맞이할 수도 있는 것입니다.

모두 다 부질없음입니다. 마음을 닦는데 계룡산이나 백두산白頭山 갈 필요 없습니다.
자신의 마음 창窓을 어둡게 하는 것을 순간적으로 바꿔 버리면 됩니다. 그리고 미련두지 말고 우주로 멀리 떠나보내시기 바랍니다. 미련 둠은 소금 기둥 이외 될 것이 없습니다.

자, 이제 우리는 거듭남復活을 시작한 것입니다. 오늘도 내일도 다음날도 보이고 느껴지는 대로 모두 날려 보내시기만 하면 됩니다. 우주로 떠나보낸 티끌을 애석하게 생각하면 다시 날아와 붙어 버립니다. 그리고 지구 끝 날까지 우리를 괴롭히게 될지도 모릅니다.

마귀는 멀리 떠나보내야 좋습니다.

02
상념想念 에너지

~

우리가 모두 알고 있듯이 창조주(God)께서는 다양한 도구와 소재 素材 원재原材들을 지구의 땅과 하늘과 물속을 가리지 않고 도처에 풍부하게 뿌려놓으셨습니다.

우리는 이 축복의 선물들을 적절한 시간에 이르면 발견 발굴하고, 합당히 제조 응용하여 인류가 훌륭하게 살아가는 재료로 사용하고 있는 것이지요. 물질物質 및 비물질(nonmaterial) 통괄하여 적용이 될 것입니다.

우리는 에너지 법칙에 따라 문명과 역사가 만들어짐을 인지하고 있지요. 우주에는 많은 에너지 즉 파장 파동(cycle)이 흐르고 있습니다. 무엇을 행하던 이 에너지가 합리적 형태로 바뀌고, 결과結果를 보여줌으로 인간사는 희비애락喜悲哀樂을 반복하고 있는 것입니다.

우리가 찾는 것이 무엇일까요? 70억 인류 모두가 다르겠지요.

자신 모두는 원하는 것을 생각하게 되겠지요. 그리고 생각함, 그 자체가 에너지 발생 시작이 됩니다.

적극적이고 구체적이며 크고 넓게 강력한 의지 파동波動적 생각이 지속되면서 우주에 다양하게 흐르고 있는 에너지 동류同類 사이클과 연결됩니다.

결국 동류同類 에너지원은, 도도히 흐르는 황하黃河나 도나우 강(Danube River)에 수원지를 삼은 격이 되는 것이지요.

내가 살아 있어도 죽었다고 생각하면 죽은 것입니다. 즉 에너지는 죽는 에너지로 연결되기 때문입니다.

생각이 세상 실상을 바꾸는 것입니다.

그렇다면 인류 모두가 바위에 걸터앉아 우주로 생각만 날려 보낸다면 어찌되나요.

아마도 짧은 시간대에 인류는 멸망하게 될 것입니다. 창조주(God)는 이러한 인류의 습성을 이미 알고 계신지라 괴력怪力을 낼 수 있는, 에너지를 현대 과학과 종교적 논리로, 자유로이 사용하도록 놔두지 않았다는 것입니다.

그것을 사용하기 위해서는 각별한 뭔가가 있어야 합니다.

예수 그리스도는 평시 화려한 의상으로 무장하지 않았으며, 무지(ignorance)가 난무亂舞하는 험악한 시대에 칼檢도 안 걸치고 다녔는데, 제자(Twelve Apostles)들에게는 적절한 때가 이르자 [눅 22: 36] 칼檢도 한 자루씩 가지고 다니라고 권고하셨습니다.

그리고 평시 의식주는 몹시도 검소하여, 경제력 무능력자처럼 보였으며, 친동생(작은 야고보) 역시 그렇게 생각했을지 모릅니다.

그럼에도 불구하고, 황량한 광야廣野에서 '오병이어 기적'이라는 인류 불멸의 대 만찬회를 개최하여 칠천 여명의 식객食客들을 해결하는, 인류사 전무후무前無後無한 기록을 만들어 놓으셨습니다.

말씀(Bible)은 너무도 놀라운 일들이 많습니다. 그래서 성경이 되는 것이고, 하나님(God)은 경이로운 분입니다.

그런데도 기네스북(Guinness Book)은 성경(Bible)을 안 읽었는지 별 반응이 없습니다.

예수 그리스도는 평시에는 "마8:20 여우도 굴이 있고 공중의 새도 거처가 있으되 인자는 머리 둘 곳이 없다" 하였듯이 개인의 영달榮達을 위해서는 훌륭한 능력을, 사용할 생각조차 하지 않았을 수도 있습니다. 우리는 이것을 의義라고 표현하고 대중성을 이뤘기에 공의公義라고 말합니다.

어차피 우리는 아무것도 없이 이 땅에 왔습니다. 그리고 부지런히 걸치는 중이지요. 그러면서 필요할 때만 '주시옵소서'라고 기도를 합니다. 말씀(Bible)에서는 이런 믿음을 "대상5:25 간음하듯 섬긴지라"라고 말합니다.

결국 하나님 만나야 할 시간이 이르렀음에도 바꾸지 못함을 안타깝게 여겨, '거듭나라 거듭나라' 하는 것입니다.

마음을, 생각을 바꾸는데 개인의 영달榮達쪽으로 바꿔봐야 별의미가 없습니다. 그러니 공의적公義的으로 바꿔가야 한다는 것입니다. "막12:33 하나님(God)을 사랑하는 것과 또 이웃을 자기 자신과 같이 사랑하는 것"이라고 하듯이, 지구는 공동체가 되는 것입니다.

03
영성靈性으로 가는 길

영성(spirituality)으로 간다 함은 곧 완성의 길로 접어들었다라고 할 수 있고 모두 이룸으로 향했으니, 구원이 눈앞에 펼쳐질 것은 당연한 사실이 될 것입니다.

우리 인류가 이곳地球村에서 뭘 할 수 있을까요?

이것은 대단히 중요한 문제입니다. 모두는 열심히 행行하고 있는데, 뜻밖에 인류는 자신들이 하고 있는 일을 잘 모른다는 것입니다. 그리고 이구동성으로 포도청衣食住 타령을 합니다.

결국 많은 이들은 포도청을 위해서 일을 한다는 결론이 되는 것이지요.

말씀(Bible)에서는 인류를 나 여호와를 위해서 창조하였다 하였는데, 정작 지음 받은 인류는 하나님(God)을 위해서 삶을 영속시키는 것이 아님을 바로 알 수가 있지요.

말씀(Bible) 속에서는 이 부분을 육肉에 속한 부류로 구분하고, 육신肉身의 무가치를 여러 형태로, 말을 많이 하였습니다.

그럼에도 불구하고, 하나님(god)은 영靈이시니 영靈을 위한 행行을 하는 인류가 부족하다는 것입니다.

그래서 땅 끝 날까지 죽기 살기로 영靈을 위해 살라며 고함치라 하였다 하여, 인류는 틈만 나면 선교하러 간다고 난장판을 만들고 있는 것이지요.

말씀(Bible)은 역사적으로 측정가능 연대가 6천여 년 전이고, 우리의 구원자 예수 그리스도 출현 이후로 계산해도 오늘 2015년이 된 것입니다.

우리민족은 1945년 훌륭한 선조님들의 헌신적 노력으로 광복(8·15)을 맞이하여, 해방 되었으니 잘살아야 한다고 밤잠 안자고 공부하고 삽질勞動하며, 인류가 아니라 일류一流를 위해 1등 정신으로 대한민국이 거듭난 것이지요. 매우 훌륭한 일입니다.

이 과정을 보듯 100여 년 전까지도 조선민족은 봉창封窓 창호지에, 먹물로 글을 그려놓고 하늘천天 땅지地인지 누룽지 했음에도, 오늘날 환경적 문화가 태초부터 있었던 것처럼 착각하고, 그렇게 행行하고 몽유夢遊하고 있을 수도 있다는 것입니다.

우리는 베토벤(Beethoven) 모차르트(Mozart) 쇼팽(Chopin) 등이 피아노 연주할 시 전곡全曲을, 눈감고 연주演奏했음을 알고 있습니다. 미술, 스포츠, 종교, 과학, 교육, 다多분야에 걸쳐 하나님(God)께서는 특별한 재능을 적절히 나눠주셔서 우리 인류를 즐겁고 평안하게 하고 있는 것이지요.

하나님(God)은 인류를 위해, 적재적소適材適所에 재능을 뿌려 놓으셨고, 그 재능을 지구상에 공존하는 인류를 위해 사용토록 한 것이지요. 너무도 훌륭하신 하나님(God)의 배려입니다. 너 나 할 것 없이, 모두 눈감고 피아노를 치면 이미 재능이 아니고, 본능이 되는 것입니다. 그리고 우리는 본능을 매우 천박히 생각하는 경향이 있고, 본능을 많이 나타낼수록 미개한 족속族屬이 되며, 인간임에도 에니멀그룹(Animal group)으로 분류됩니다.

하나님(God)과 예수 그리스도는 변하지 않는 참, 진실을 전하면서 행하라 하였기에, 그것을 우리는 진리라 일컫고 있는 것이지요.

그리고 진리는 흔들려 무너지려는 배 중심을 잡아주는 밸러스트탱크(Ballast tanks)가 되듯이, 우주운행 질서처럼 어김없는 법칙을 진리라 칭하는 것이지요. 결국 하느님(God)과 예수 그리스도는 진리가 되면서, 그 진리를 향해 천천히 빠르게 흐름에 역逆하지 않으며, 근접해 가려는 의지적 노력이 영성靈性인 것입니다.

영성靈性은 기교나 재능 기술이 아닌 깨우침 각覺이 되는 것입니다. 영매靈媒가 우주에 난무하는 혼령과 접신接神 되었다고 영성靈性이 되는 것이 아닙니다. 깨우침이 수북이 쌓였다고 목청 높여 열강한 후, 목 감겼다고 "캬악" 한 다음 널따란 운동장으로 날려 보낸다면, 진리와 관련 없는 무지無知를 열변하는 변사辯士일 뿐입니다.

누군가 이름 모를 풀을 최초 발견 할미꽃이라 호명하였다 하여 할머니들이 좋아하는 꽃이라고 생각한다면 착각의 큰 오류를 형성하게 됩니다.

영성靈性을 통해 우리는 현재 내가 생활하고, 주어진 임무와 의무, 필연성을 포함한 모든 것을, 매우 순리적이며 성공적으로 완성完成시켜 가기 위함입니다. 인류는 모두가 지음 받음의 진리에 따라, 이 땅에 왔는데 삶의 운행 법칙을 알아야만 그 삶이 풍요와 축복으로 평안해진다는 것입니다.

이제 이글을 읽는 형제자매님들은 영성靈性으로 안내되어 입문入門이 되는 격格입니다.

우리의 모든 것을 영성靈性의 눈과/ 영성靈性의 입과/ 영성靈性의 생각과/ 영성靈性의 마음으로, 그리고 영성靈性의 지식과 영성靈性의 능력으로 우리가 구하고 찾는 것을 찾으시기 바랍니다.

04
영성수련학

~

  예수 그리스도가 이 땅地球에 오사, 2015년 동안 무수한 말씀 (Bible)논리와, 가능성 있는 강해론을 무차별적으로 쏟아 붓고, 절대 허물 수 없는 여리고성(수5:13)과 바벨탑(Tower of Babel)을 경쟁하듯 신증축을 해대면서, 말씀(Bible)안에 거居한다 하며, 무척이나 거룩 해졌고, 심장 속에 하나님(God)과 예수 그리스도가 안주하고 계시 는데 무엇이 두렵겠습니까?

  말씀(Bible)속에서 담대해져라 안 해도 절로 무쇠 심장된 것입니 다. 그래서 세상은 날로 에덴동산의 깃발이 보일 듯 근척에 와 있 는 것 같으면서도, 신기루(mirage) 같이 오색영롱 무지개 같은 것입 니다.

  말씀(Bible)안에 거한다는 이 훌륭한 뜻이 그룹 짓기 대명사로 변 이變異된지 오래된지라 울타리 밖 인류는 모두가 이단異端이 된 것 입니다. 그래도 인류는 잘살고 있다고요? 어쩔 수 없이 존립하고 있는 것이지요.

간음한 여인 돌멩이로 때려서 죽이고, 절로 돌무덤까지 쌓는 족속族屬이 있습니다. 유대(Israel)족이라고, 말씀(Bible)속 영원히 구제될 수 없는, 하나님(God)과 유대(Joseph)족은 코레일鐵道廳 레일(rail) 관계로 설정되어 있지요. 그럼에도 불구하고 하나님(God)은 포기하지 않고, 예수 그리스도를 보내사 십자가(†)에 매달리게 했지 않습니까.

지금 유대(Israel)족들이 환골탈퇴換骨奪胎 되었는가요? 탈퇴奪胎는 물론이요, 생각만으로도 올라가는 셋째하늘(고후 12:2) 오르기도 안 되었고, 첫째 하늘이라도 올랐을까요. 레바논(Lebanon) 중동中東戰爭 사태를 알고계신다면, 답은 간단합니다.

그럼에도 유대(Israel)족들은 우주에서 가장 훌륭한 선민選民들이 되고, 타 종족種族들은 귀신들려 바다 속으로 돌격하는 돼지 떼 꼴이 될 수도. 유대(Israel)족들 눈빛 보면 그럴 수도 있습니다.

그래서 우리가 스스로 영성靈性을 해야만 하는 것이지요. 믿어 의심치 않고 눈감고 따라가면, 멸망 불속에 떨어지면서 알게 됩니다.

이미 때가 늦은 것입니다. 그래서 말씀(Bible) 때(전3:1~8) 타령이 있습니다. 때란 내가 조절하는 것이 아니고, 겨울을 기다렸다가 군밤장수가 등장하는 것이지요.

영성靈性은 오늘 내가 배추를 재배하는 농부이면, 농부로서 만족한 삶을 살게 하는 것이고, 비행기를 운전하는 비행사이면 파일럿으로서, 대 흡족의 삶을 역시 영위하게 하는 것이지요.

정치, 경제, 문화, 사회, 종교, 모든 부분에 하나님(God)께서는 고루 소명召命을 하도록 했으니, 소명召命대로 직분과 업무에 따라 대만족을 하면서, 절로 감사기도 하게 하는 것이 영성靈性이 될 수 있습니다.

별 대수롭지 않은 일이라고요?

대단히 중요합니다. 예수 그리스도가 이 땅에 온 목적이 영성靈性때문에 출현한 것입니다.
그 시대 로마는 세상을 지배하다시피 했으니, 훌륭한 명군名君 명장名將들이 넘치는 시대인 것이지요.
그럼에도 하나님(God)은 그들을 택하지 않고, 독생자를 험악한 이 땅에 보내신 것이지요.

예수 그리스도가 몸소 영성靈性을 실천하고 영성靈性의 무한한 능력과, 그 위대성을 우리가 이해하기 쉽도록 설파說破하셨지요.
그런데 지금 기독교가 예수 그리스도의 영성靈性을 너무도 어렵게 편집編輯을 해놓고, 신학박사 학위學位를 취득해야만 해독解讀할 수 있는 것처럼 엄청나게 변질變質되어 예수 그리스도 만나기가 쉽지 않다는 현실입니다.

더욱 그리스도를 면대面對하여, "내가 바로 네가 찾는 그니라" 했음에도 알아보지 못하고, 거짓 선지자로 결정 돌멩이 집어 던질 준비를 했었을 수도 있습니다.

이제는 걱정 안 해도 됩니다. 여성수련학이 아니라, 영성수련학靈性修鍊學 했다고 팔자八字에 없는 목회자牧會者 되는 것이 아닙니다. 목적으로 노력하는 분이야 그렇게 되어야 하겠지요.

65억 인류가, 지금은 70억 가까이 되었을 텐데, 각자의 위치에서 대만족으로 늘 입가에 미소를 띠우며 하나님(God)께 영광송榮光頌으로 시작해서 할렐루야(halleluiah)로 마무리하는 삶을 가도록 하는 것입니다.

이제 영성수련학靈性修鍊學은 생각만으로 되는 것이 아니라, 약간의 수련修鍊과 반복되는 관습慣習을 바꿔서 궤도 수정을 해야만 합니다. 그리고 하나님(God)이 계시는 길로, 즐겁게 뛰어가서 알현謁見만 하면 됩니다.

05
풍요로운 삶을 사는 길

≈

인류는 모두가 원합니다.

건강한 육신과 맑은 정신, 풍요로운 물질과 더불어, 수족手足같은 종從들을 부리며, 맘껏 자유를 구가하면서 행복을 날리며 만세萬歲까지 살고 싶어 합니다. 그렇지 않다고요. 그럴 수도 있습니다.

지구상 어느 곳에도 인류를 멸망으로 인도하기 위해 서술된 책이나 기술 방법을 보셨습니까. 인류들 잘되라고 절절히 기록하고, 나팔 붙고, 서로 위로하며 그렇게 살아가고 있는 것입니다.

그럼에도 다수의 인류는 왜 행복과 동떨어졌음에도 행복한척 하면서 살고 있을까요? 그래서 코미디를 즐겨하는지도 모르지요. 황당한 말과 행行을 하고 있음에도 즐거워한다 함은 뭔가의 동류의식이 흐르고 있음입니다.

성경(Bible)을 구원서, 진리, 도道, 살아계신 하나님, 예수 그리스도, 이렇게 말하며 칭하면서, 눈이 절로 감기도록 읽고 연구를 해왔고, 하고 있음에도 특별한 묘수를 찾지 못한 것입니다. 이미 구救하신 분은 천국 문(Heaven's Gate) 앞에 거居하심이니 경배를 드립니다.

결론적으로 인류는 논리나 연구 분석은 잘했지만, 진정한 구원에 있어서는 답을 구하지 못한 것이지요.
성공을 하려면 실패의 이유를 모두 해결하면 당연히 성공할 것입니다. 그러나 현상계現象界는 공식公式과는 틀리다는 것이지요.
모두는 보이는 것에 익숙해 보이지 않는 세계를 자주 망각한 결과로, 쓰라린 고배苦杯를 연신 들이켜고 있는 것입니다.
산은 산이요 물은 물이다/ 영靈은 영이요. 육肉은 육이다/ 하늘은 하늘이요 땅은 땅이다/ 나는 나요 너는 너다.

뭔가 조금 이상하지 않습니까?

이것이 문제입니다. 잘못된 이해와 철학과 깨달음과 비진리가 인류를 벼랑으로 밀어내고 있는 것이지요.

깨달음覺을 얻는데 50년씩 걸렸거나 그래야 한다면, 인류에게 튼튼한 우상偶像만 하나씩 세워졌고, 우상 관리비 부담만 늘어난 것입니다. 그럼에도 인류는 매우 만족히, 모두가 그렇게 하니까 즐거워합니다.

민주주의는 소수를 무시하며, 다수의 원칙이 민주주의를 유지시켜 줍니다. 결국 다수가 진리가 되고, 다수가 힘이며 우상이 되는 것입니다.

우상偶像은 만인萬民이 우러러 눈물 흘리며, 맹신盲信하는 것이 되겠지요.

산이 물이요 물이 산이며/ 영靈이 육이요 육肉이 영이다/ 하늘이 땅이요 땅이 하늘이면서/ 내가 너이고 네가 나다/

이것이 사랑입니다. 사랑은 우주가 하나 될 때만 가능합니다.

자신이 우주와 하나가 되었으면 모두 이룬 것입니다. 그리스도의 품성品性이 된 것입니다.

우주와 하나 되겠다고, 만물을 연구 분석하고 이해하려 한다면,

수천 년을 살면서 연구실을 운영해도 불가할지도 모릅니다.

그러나 창조주(God)께서 창조한 인류의 놀라운 능력은 이것을 해결할 수가 있는 것이지요.

아직 이루지 못했다 할지라도, 이룸(success)의 길로 들어간 것인지, 역청구덩이 길로 가고 있는지를 최소한 알아야만 합니다.

구분이 아니 되었다면, 자신은 패망 길에 놓여있을 수도 있습니다.

우리가 흥興하고 성盛하는 길로 가고자 할 때, 반反하는 망亡하고 쇠衰하는 힘이 저항을 한다는 것입니다.

우리는 영적靈的인 현상을 알아야합니다. 믿음은 영적靈的인 것이며, 영靈의 세계를 알지 못한다면 백전백패百戰百敗가 될 것입니다. 그렇다고, 영靈의 세계로 가기 위한 전문적 공부를 해야 할까요? 아닙니다.

불필요한 부분을 많이 쌓아놓으면 정작 필요한 내용을 정리 정돈할 자리가 없을 수도 있으니, 유효적절함이 최상이 될 것입니다.

말씀(Bible)에서는 인류가 고통의 삶, 즉 가난, 천박, 병마, 불행이 죄로 말미암아 현실적으로 나타난 현상이라고 말합니다.

그리고 죄가 현실로 나타나기 위해서는 그의 작용체가 있어야 하는데, 그 본체가 귀신(악마 또는 사탄)이라고 규정하고 있습니다.

아울러 십계명+誡命에서 대분류大分類한 항목은 표징적 표제이며, 우리의 삶 속에 행行과 염念으로 가만히 앉은 상태에서도 시내산(사우디아라비아 미디안 땅) 같은 죄를 짓고, 꺼지지 않는 불구덩이로 걸어간다는 것이지요.

큰 산에는 숲이 우거져 있는데 물론 작은 산도 그러합니다. 그리고 각종 나무들과 풀들이 있습니다.

그리고 각각이 특성과 목적을 지니고 있다고 보아야 합니다. 아울러 우리의 죄가 마귀다 라고 정의할 때 간단한 마귀가 아닙니다. 백두산에 뿌리박은 나무와 풀들만큼이나 많고 복잡하다는 것이지요.

그렇다면, 구체적 마귀는 무엇이며, 마귀를 대적한다 함은 어떻게 해야 하나요? 바로 이것이 인류의 과제입니다. 인류의 적敵이면서 오늘 나의 삶을 황폐하게 만든 것이지요.

그러나 이제는 해결할 수 있습니다.

[벧후 2:22] 개가 그 토하였던 것에 돌아가고 돼지가 씻었다가 더러운 구덩이에 도로 누웠다.

[마 12:43] 더러운 귀신이 사람에게서 나갔을 때에 물 없는 곳으

로 다니며 쉬기를 구하되 쉴 곳을 얻지 못하고,

[마 12:44] 이에 이르되 내가 나온 내 집으로 돌아가리라 하고 와 보니 그 집이 비고 청소되고 수리되었거늘.

[마 12:45] 이에 가서 저보다 더 악한 귀신 일곱을 데리고 들어가서 거하니 그 사람의 나중 형편이 전보다 더욱 심하게 되느니라 이 악한 세대가 또한 이렇게 되리라.

일반적 귀신은 자신의 생각 안에 들어있습니다. 물론 외부에 존재하고 있는 무수한 종류들이 있을 것입니다. 이처럼 무수한 귀신들이 어떻게 인류에게 피해를 주었을까요? 그렇지 않습니다.

인류는 매우 영악하기 때문에 귀신과 같이 살아가는 것입니다.

결국 그러하다가 귀신과의 동거同居로 인해 후유증이 나타나는 것이지요. 인류가 사는 시공간, 내 눈에 보이는 피사체 태반이 귀신이 될 수 있습니다.

슬픔, 절망, 비애, 시기, 질투, 원망, 증오, 분노, 욕심, 거짓, 위선, 좌절, 긍정의 반대와 같이 모든 가치와 표상이, 역逆으로 나타남이 귀鬼의 작용입니다.

기쁨의 눈물이든, 슬픔의 눈물이든, 회개의 눈물이든, 눈물자체는 역逆입니다. 그래서 많이 울면 머리가 아프고 무겁고 띵하며 육체의 컨디션을 즉시 무기력 쪽으로 몰아갑니다. 악기惡氣의 작용입니다.

- 열심히 웃었는데 위와 같은 현상이 나타난다면, 절대로 웃어서는 안 되는 것이지요.
- 슬픔에 빠지면 허무해지고 자살해야 된다면 절대로 슬픔에 빠져서는 안 됩니다.
- 분노에 빠져서 파괴로 이르게 되어 결국 자폭하는 현상이 온다면 절대 분노하면 안 됩니다.
- 질서를 지키지 않아 트럭이 와서 헤딩해, 죽는다면 절대로 질서를 지켜야 합니다.
- 질투하다가 모함에 빠져 패가망신 당한다면 절대 질투해서는 안 됩니다.
- 절망에 빠져 굶어 죽는다면 절대 절망해서는 안 됩니다.
- 담배 피우다가 폐암으로 죽는다면 담배 피워서는 안 됩니다.
- 술 마시다가 위궤양으로 죽는다면 술을 마시면 안 됩니다

완벽한 현상이 나오지 않았어도 위와 같은 환경을 가진 자者라면 99% 죽음에 다다른 자者입니다.

결국 50% 정도는 반반이니 인류 형체라도 있지만, 99%이면 마

귀류魔鬼類에 속합니다.

　모든 것은 자신의 몫이며 그 누구도 대신하지 못합니다.

　가을 수확의 열매는 반드시 뿌린 대로 거두게 됩니다.

　우리는 마귀 세상에 마귀로 살면서, 귀신을 확인할 능력도 없는데, 악귀惡鬼는 화려함과 달콤한 유혹으로 수렁으로 빠져 들게 하는 것이지요. 한편 마귀된 자신들은 "짧고 굵게"를 외치며 창조주(God)처럼 죽음까지도 결정해 놓고 매우 담대하고 의로운 듯 살고 있는 것이지요.

　불쌍한 것입니다. 이러함이 귀신입니다.

　자신 안에 마귀가 가득하면 자신이 마귀입니다. 그럼에도 귀신보고 무섭다고 하네요. 어서 마귀와 이별해야 합니다. 마귀는 두려움이 아니요 그 무엇도 필요하지 않습니다. 자신의 생각 속에 마귀를 만나지 않으면 됩니다.

　그렇다면 마귀를 멀리멀리 떠나보내면 무슨 낙樂이 있을까요? 바로 이 문제에 대해 말씀(Bible)에서는 예비되어 있는 축복과 은혜와 천국에 대해 매우 친절히 말씀하고 계십니다. 우선은 마귀들과 사별하라 하면 죽을 때 이별이 되니, 별 의미가 없고, 가능하면 시급히 몸과 마음과 뜻과 의지를 다해, 마귀들과 이별하라는 것입니다.

아울러 말씀(Bible)을 자신 것으로 화化한 다음 준행準行한다면 영원히 불가할 수 있으니, 말씀(Bible)을 온전히 믿어야 합니다.

신통치 않은 자신의 생각과 논리로 뒤덮고, 마귀생각을 잔뜩 불어 넣어 만든, 자신의 믿음 논리는 필요치 않습니다.

살아계신 하나님의 말씀 믿음을 그대로 믿어야 합니다.

06
의식전환 1 / 생각과 의식

∾

긴 여정을 뒤 돌아보니 제자리에 와 있군요.

혹 시리우스(Sirius)나 크리스털(crystal) 혹성이었다면 필시 E.T(extra · terrestrial)들에게 붙잡혀 실험실 표본감이 되었을지도….

감사한 일입니다.

흔히 말하기를 세상이 나를 변變하게 한다고 합니다. 반면 생각을 바꾸면 세상이 바뀌진다고 합니다. 세상이 바뀌져서는 안 되는 분들은 해당 없는 내용이 될 것입니다.

여타한 이유로 세상이 변하든, 내가 변하든, 뭔가 뒤집어져야 하는 분들을 위한, 절대 절명의 정보가 될 수 있을 것입니다.

그런데 생각을 바꾼다는 것이 생리 의학적(physiology or medicine)으로 매우 어렵다고 합니다. 더 더욱 뇌는 물론이고 오장육부五臟六腑에 세포까지 합세해서 기억장치를 만들고, 우주 속에다 아카식(Akashic Records)인지, 아카시아인지 대 기록 장치까지 준비가 되어있어서 생각을 못 바꾼다고 합니다.

단지 생각을 바꾼 것처럼, 가식적假飾的 너울을 쓰고, 황홀하게 보일 수는 있다는 것이며, 이 가식(pretense)은 작은 충격에도 쉽게 깨지는 것이 단점이라고들 합니다. 우리는 많은 실습을 통해서 익히 알고 있는 사실이지요.

그렇다면, 생각은 절대 못 바꾸는 것일까요? 생각은 우리가 존재한 현시점까지 삶의 경험을 통하여 차곡 차곡 쌓여진 데이터(data)이며, 이 데이터들을 두뇌가 가장 합당하다고 판단한 내용들을, 적절한 이미지와 함께 우리의 의식에 투영시켜줌으로, 생각이란 현실적 내용이 나타나는 것입니다.

두뇌세포(Brain cells)가 오감을 통해 입수된 정보를 처리할 시, 동시성(simultaneity)이 발휘되면서 저장된 정보들까지 들춰내, 신속히 조합하여 홀로그램이미지(Holographic images)로 투사시켜 주면, 이것이 나의 생각이 된다는 것이지요. 결론이 조금 이상하지만 나란 존재가 생각을 하는 것이 아니고, 현실적 내용과 저장된 데이터가 0.2초~1초 사이에 두뇌가 나의 의식에 유효적절한 답을 준 내용임으로 결국, 두뇌가 한 생각이고 내 생각은 두뇌에 의해 만들어진 것입니다.

직설直說하면 생각(의식)이 내 육肉을 움직이고 있는 것이 아니고, 육(肉: 두뇌세포)이 생각을 움직이고 있는 것입니다.

근본적 육肉에 의해 모든 것이 결정되고, 육肉이 기준점으로 되어 있다는 것입니다. 당연한 일이고 뭐가 문제가 있냐고요? 뭐! 문제 없습니다.

두뇌가 나(생각)이고, 내가 곧 머리(브레인)가 될 진데, 뭐가 문제 되겠습니까?

두뇌와 생각(육감: 肉的감각)과 의식(영감: 靈的감각)과 구분이 아니 되거나, 구분할 필요성이 없다면 본 페이지에서 신속히 벗어나시면 됩니다.

여기서 생각과 의식은 조금 다르게 봐야 합니다. 생각은 순전히, 두뇌의 표현수단이고 의식은 영적감각(spiritual sense)이 개입된 상태로 보시면 됩니다.

우리 모두가 가을배추 소금 절여지듯 풍요와 화평으로 흠씬 젖어 있다면 두뇌와 의식을 왜 찾을까요?

두뇌 전문의들은 우리가 원하는 형태의 두뇌구조를 만들어 내기 위해 많은 연구를 해왔고, 그에 준한 훌륭한 의학적 시술능력을 갖추고 있으나, 인류생명 존엄성을 훼손시킬 수 있는 일이기 때문에, 원하는 두뇌 시술은 안 될 것입니다.

결국 의식적 훈련을 통해 뇌 작용을 조절하는 것인데, 이것이 바로 문제가 많은 것이지요.

요즘 많은 분야에 두뇌란 단어가 타이틀(title:主題)로 등장하면서, 어려운 경제를 털리는 현실이 발생되곤 합니다.

그래서 "어설피(횡설수설) 아는 지식이 사람 망ㄴ치는 꼴이 된다" 하며, "모르는 게 약藥"된 격입니다.

창조주(god)가 두뇌를 만들 때 인간들이 두뇌를 가지고 별짓을 다하고, 두뇌를 조리하듯 주물럭거릴 것이라고 예상 안 해 봤겠습니까?

그래서 창조주(god)의 마음을 읽으면 만사형통萬事亨通하는 것입니다. 특히나 전두엽은 인간만이 가지고 있고, 이 전두엽이 고등高等

동물의 상징이라고 하며 하등동물下等動物은 전두엽이 없을 뿐만 아니라 두뇌 자체가 작지 않습니까.

어떤 부류 인물들은 창조주(god)가 현재 매우 바빠서, 인간사 같은 것들은 아예 관심조차 없다 하더군요.
사실인지 창조주(god)를 만나서서 확인들 해보시기 바랍니다.

참조하셔야 할 것은 무엇이든 상호작용 관계의 매개체는 에너지임을 확실하게 해야 합니다.
세상의 비침(showing)은 빛에 의해 나타나는 현상인데, 이 빛이 바로 에너지이며, 빛이 없다면 피사체는 보이지 않게 되겠지요. 우주 만물은 에너지 작용체입니다. 에너지 작용 시스템이 자연의 법칙이며 창조주 운행 시스템이 됨입니다.

이것은 만고萬古에 변함없는 불변不變의 법칙이며, 우주창조가 어느 날 우연히 저절로 만들어졌다고 생각하신다면, 형제자매님께서는 매우 훌륭한 예술적 감각과 우뇌의 감성이 풍부히 활성화되어 있음으로 시를 쓰거나 가무歌舞나 문예를 탐구하시면 좋을 듯합니다.

인류가 창조의 근원을 찾았다면 지구상에 발생되는 온갖 문제는 순식간에 해결이 될 것입니다.

그럼에도 불구하고 창조가 밝혀져도, 전혀 해결될 수 없는 인류가 있다는 것이지요. 불행한 일입니다. 그래서 많은 방법으로 지구상 곳곳에서 각종 북소리를 내고 있는 것이지요.

그 방법과 집단 구성함이 섬뜩함을 넘어 살기殺氣로 가득 차 있기도 하고, 사랑과 열정, 온화한 온풍으로 밀려오기도 합니다.

각자의 에너지 사이클에 따라 느끼게 될 것으로 봅니다. 모든 문제는 답을 전제로 발생됩니다.

이것이 에너지 법칙이며 창조주 운행시스템입니다. 우리는 많은 문제들과 원하던, 원하지 않던 동거同居하며 동행同行하고 있습니다. 우리가 누구이고, 왜 이곳에 머물고 있는지, 알게 된다면, 더 이상 뭐가 필요할까요?

그렇다고, 우리 모두 머리 깎고 입산수도入山修道하자는 뜻이 아닙니다. 찾는 자는 답을 구救할 수 있습니다.

간절히 찾게 되면 귀가 얇아져서 실수할 수 있으니, 언제나 중심中心을 잃지 않는 것이 중요합니다.

07
의식전환 2 / 극성의식 에너지 법칙

~

무엇을 기도합니까?

당연히 자신이 원하는 것을 기도할 것입니다.

그렇다면 누구에게 기도해야 할까요.?

하나님(god)을 믿는 이는 하나님에게, 부처(Buddha)를 믿는 이는 부처에게, 알라(All h)를 믿는 이는 알라에게 기도할 것입니다.

온전히 기도하면 응답받음이 당연합니다. 기도는 이뤄지지 않으면 기도가 안 된 것입니다. 모두가 알고 있듯 훌륭하신 영적 지도자들께서 기도祈禱 방법을 친절히 안내해 주셨고, 우리는 그 많은 기도 방법들을, 옆에 펼쳐놓고 하나씩 대입가면서 기도를 하고 있지요.

왜냐하면 자신의 기도는 반드시, 꼭, 절대로 이뤄져야 한다고 생각하고 있으니까요.

참으로 안타까운 얘기입니다. 절대 절명으로 이뤄져야만 하는 기도를 하는데도, 응답이 안 이뤄진다면 이보다 서글픈 일이 어디 있습니까? 그래도, 우리 모두는 실망하지 않고 꿋꿋이 오늘도 열심히 기도하고 있습니다. 하나님(god)이 듣거나 말거나 나의 기도는 10년 20년, 계속 이어져 오고 있는 것입니다.

우리의 생각과 의식은 장시간에 걸쳐 인류의 교육적 관점으로 볼 때, 선과 악, 높고, 낮음, 기쁨과 슬픔, 행복과 불행, 흑과 백, (+)(−)와 같이 이분법적 판단기준으로 형성된 양극화 된 품격을 가진 의식체로 고착화되어 있습니다. 수평저울(balance)처럼 양쪽이 일정비율로 공존共存하는 것이지요.

우리의 의식과 행동은 상대성相對性으로 이미 안착화 되면서, 순수성이 소멸된 상태입니다. 올림픽에서 트랙 1등을 하면 금메달과 상금이 동시성同時性을 이룹니다. 혹 올림픽에서 1등을 했으나 상금과 메달이 없다면 올림픽 경기는 무가치한 존재성存在性만 남을 것입니다.

모든 부분에 우리는 양분적兩分的 가치를 부여하고, 그 어느 쪽으로든 결정짓는 심판審判의 인류가 된 것입니다.

성경(Bible)이나 알려진 경전經典들 모두가 상대성相對性 심판논리가 기초를 하고 있습니다. 지구 인류가 모두 평화를 염원하지만, 상반하는 극성에너지가 활성화되면서, 반수半數 인류는 투쟁과 쟁취

로서 전쟁을 부추긴다는 것입니다. 이것이 극성極盛을 띤 에너지 법칙입니다.

그러므로 결론적 자신이 기도하면 안 이뤄지는 것이 당연한 것이며 이뤄짐이 기이한 현상이 되는 겁니다. 당연히 이뤄져야 하는 일상의 기도를 이루기 위해서는, 우리의 의식을 무극성無極性으로 바꾸면 됩니다.

물 위를 걷는 방법은 매우 간단합니다. 한쪽발이 빠지기 전에 반대쪽 발을 재빨리 들어 올리면 된다고 합니다. 과연 이러한 논리적 이론이 성립될까요? 당연히 어렵습니다. 영구히 안 될 수 있고요.
극성화된 의식을 중성화中性化 시킨다고 지구상 많은 종교가 있는 것이지요.

그럼에도 불구하고 중화제中和劑가 오염되어 중화작용이 더욱 독한 독성을 만들고 종교간 극한 대립이 정당화되고, 나의 하나님이 더 훌륭하다고 지극히 당당하게 말함을 당연시 하고 있지 않습니까.
종교 지도자들만의 문제는 아닙니다.

온갖 짓 다했어도, 면죄부免罪符로 해결된다고 하니까 편익성으로 대 성공을 한 것이지요. 어차피 유유상종類類相從일 뿐입니다. "돈 없으면 천국도 못 간다"는 무슨 말일까요? "무전유죄 유전무죄" 소리는 들어봤어도 이런 괴이한 말이 있을 수가 있을까요?

인류의 극성의식은 도를 넘어서 창조주의 창조원칙마저 무효화無效化 시키고 있습니다.

창조주께서 죄가 아니라고 한 것을, 인류들은 그 죄를 물어 물고를 내고 있지 않나요. 굴러 떨어지지 말라고 가이드 레일(Guide rail: 계명)을 만들어 놓으니, 시대적 상황논리로 모세오경 시대는 지났다 하면서, 고식견 과시할 수 있는 요건에만 관심을 갖고 있습니다.

흰색 천에 검은 물이 오염되어, 흰색으로 염색(세례: baptism)을 합니다. 우리는 이 염색과정에서 무극성 의식이 되는 것이지요. 그럼에도 불구하고 염색이 자신의 죄를 모두 씻어줬다고 생각하고, 죄 짓지 말고 열심히 살아야지 하고 굳게 다짐합니다.

매우 순수해 보이며 그럴듯한 마음인 것 같지만 사실은 편익성입니다.

의식을 그렇게 간단히 염색하듯 한다면 얼마나 좋겠습니까?

그러나 걱정 안 해도 됩니다. 하나님은 자신의 피조물들이 만신창이 되어, 천국 문턱에 목이 걸려 있음에도, 하나님께서 "내 소임은 다했으니 모두 네 몫이다"라고 하지 않는다는 것입니다.

인류 모두가 전능하신 우주의 절대자 개체별 표상이기 때문이고, 곧 자신과 동일체이지요. 우리는 하나님(god)의 지체임으로, 손가락 이나 발가락이 될 수가 있습니다. 그렇다고, 손가락이나 발가락이 "내가 하나님이다"라고 한다면 지나친 과신입니다.

올림픽에 선수 출전을 시키기 위해, 국가적 차원으로 선수들을 육성하는 것 아시지요. 동네 운동회를 거쳐 전국체전에서 픽업을 하고 전문적으로 훈련합니다.

본인이 의식(靈的: 영적) 부분에 별 관심사가 없다면, 소양적素養的으로 준비가 안 돼 있음으로 매우 더디 갈 수가 있습니다.

참고로 영적 각성이 열리려면 자신에게 잠재되어 있는, '영적잠재 에너지: 쿤달리니(Kundalini)'를 활성화活性化해야 합니다. 문제는 내 의식을 무극성으로 바꾸는 생활을 해야 하고, 습관적으로 행동 패턴을 수정해야 한다는 것입니다. 이처럼 습관과 생각을 바꾸려는 의식이, 영적 잠재 에너지를 활성화시키는 준비운동입니다.

우리 인류가 제일 싫어하는 것이 뭔가요? "형제자매님께서는 이러 이러한 것들이 문제가 있으니 이렇게 하면 좋을 것 같습니다"라고 말하면 엄청난 충격에 빠지면서 무통지 전쟁선포를 합니다. 바로 이러함이 극성 의식이지요. 그래서 예수 그리스도께서도 믿음이 있을 만한 자들에게만 기적을 행하시었지요. 스스로 사도된 분은 권능으로 무당에게 붙은 귀신을 쫓아낸 죄목으로 옥에 갇히지 않았습니까.

이제 구체적 무극성 만들기를 시작해야 하는데, 아직은 이른 새벽입니다.

아직 시야가 넓지 않기 때문에, 무극성만 외치다간 필경 난간에서 떨어지고 맙니다. 충분한 원인과 이유 과정 결과에 흠뻑 젖어야 염색 효과가 나옵니다.

이 시대적 우주론에서는 여러 가지가 많이 바뀌고 있습니다.

절경과 풍치가 수려한 곳에서 낙숫물에 몸 담그고, 도道 닦는 시대가 아니라는 것입니다. 고대시대나 지금이나 같은 맥락이지만, 단지 바라보는 의식의 차원이 달라졌다는 것입니다.

창조주(god)께서 우주 만물 창조를 일주간에 했다고 함을, 어떻게 이해합니까. 그리스신화, 희랍신화와 같이 기독교신화가 아닙니다.

현재 우리의 주제는 의식입니다. 창조주(god)는 의식으로 창조한 것입니다.

의식을 믿으면 창조주를 알게 됩니다.

물론 의식을 믿어도 존재성에 대한 확고한 의식체계가 안 돼 있으면, 가식적 믿음일 뿐입니다.

08
의식전환 3 / 지옥이 필요하십니까?

~

우리 인류는 뭔가를 위해 열심히 일하면서, 간혹 정신을 잃어버리는 경향이 있는 것 같군요.

자기 자신에게는 지옥이 필요 없다고 하면서, 타 인류들에게는 지옥이 있어야 되지 않느냐고 하지를 않나, 친절이 지나친 듯합니다.

우리가 알고 있는 지옥은 각종 교육적 자료, 종교적 자료, 정신몽유인들을 통하여, 자유 표현된 스토리들이지요.

물론 100명이 동일 장소를 방문하고, 같은 경험을 통한 후기를 기록했다면, 데이터로서 가치가 있습니다.

지옥 간증을 하면 많은 분들이, 손에 땀을 쥐고 온몸에 소름을 돋아가며, "오~ 호~ 아이고머니나" 하며 연신 긴장 호흡을 뿜어대며 지옥 가면 안 될 것 같다고 생각을 합니다. 그러니까 반신반의半信半疑 하면서도 믿는다는 것입니다.

반면 지옥이 없다고 간증하면, 경청 후 온갖 고상한 지식들을 설說하며, 성경을 보셔야지! 성경을 보세요!

그리고 그대 불쌍한 영혼을 위해서 기도祈禱해 주겠다고들 합니다. 결국 안 믿는 것이지요.

말씀(Bible)속에서는 천국이 너의 가슴속에 있다고 말합니다. 그럼에도 불구하고 지옥이 어디 있는지 모르는 것이지요.

매일(every day)같이 천국날天國日을 맞이하는 사람에게 천국을 주겠다고 한들 그에게 천국이 필요할까요.

아울러, 나날이 지옥실습地獄實習으로 만신창이 된 자에게 지옥을 주겠다고 하면, 저주를 퍼붓는 격이 되겠지요.

자신은 원하지 않지만, 남에게는 필요하다 함은, 지옥주의 개념 사상입니다.

우리는 창조주(god)가 아니기 때문에 그 무엇도 돌판(Tablets of Stone)에 새기듯, 확정 짓지 못할 것입니다.

단지 천국을 원하는 이에게는 천국 가는 길을 알려주고, 지옥을 원하는 이는 지옥 가는 길을 알려주는 안내자로서 진정한 친구가 될 것입니다. 선택은 각자 자유 의지의 특권입니다.

　말씀(Bible)에서도 차원을 말했듯이, 현시대 역시 차원이란 존재로
인해, 좌충우돌左衝右突하고 있습니다.
　의식차원 레벨(level)에 따라, 보는 시각이 바뀌고, 보이는 현상이
다름을 알려 드리고 있습니다.
　특별한 것이 아님에도 특별한 것처럼 강조하는 것은 중요성이 있
다는 의미입니다.

　의식이 전환되지 않으면 심각한 일들이 일어날 수도 있겠지요.
물론 의식이 상향전환 되어야 합니다.
　동물적 생존모드 정신으로 돌아가면 안 됩니다. 생존전략을 운운
하면 최하위 의식구조가 잠재된 것이라고 할 수 있습니다.

　백문불여일견百聞不如一見이라 우이독경牛耳讀經만 하고 있으면 에
너지 소비입니다. 실전을 통해 결과를 확신한 다음, 더욱 애착을 갖
고 자신화하는 것이지요. 지금까지 우리는 최상위 의식체로서, 우
주의 유일무이唯一無二한 존엄성이라는 의식이었습니다. 그럼에도
불구하고, 전혀 사실과는 다르다는 것입니다.

우리의 의식 레벨(level)이 너무 낮아서, 레벨 업을 해야만 된다는 것입니다. 우리가 보유한 지식知識중에는 허상虛像이 많다고 하며, 뭐가 진眞이고 허虛인지는 자신이 자동적 알게 될 것입니다.

세상에 제일 무서운 것이 무엇일까요.

호랑이, 귀신, 가난, 무지, 병마, 권세, 돈… 너무도 많아서 어찌 기록할 수 있겠습니까?

위 내용들이 안 무섭다고 한다면, 반바지만 걸치고 사자하고 결투를 하도록 하면 어떨까요.

세상의 모든 무서운 것들이 바로 성경에서 말하는 '두려움'입니다. 그래서 담대하라고 말씀하지 않습니까.

말씀에서 "두려워하지 말라"라고 함으로 안 두려워지면 얼마나 좋겠습니까.

그래서 말씀은 다시, "내가 너와 함께 하고 있으니 믿으라" 하면서 걱정을 덜어줍니다. 그러나 자신 눈에 하나님(god)이 안 보임으로 두려움은 사라지지 않습니다.

우리 모두가 술래잡기하는 중이며, 두려움을 피해 숨게 되면, 반드시 나타나서 두려움의 밧줄이 감아버립니다.

그래서 우리는 늘 "오~ 하나님 구하소서"를 입에 달고 살지요.

우리는 자신을 확실히 알아야 합니다. 말씀을 비롯하여 많은 경전들은 육肉을 말함이 아니고 영靈을 말하고 있습니다.

나의 주체는 육(body)이 아니고 영(spirit)이라고 우이독경牛耳讀經 중인데, 당사자인 우리는 마이동풍馬耳東風인 것입니다.

이러한 내용들이 자연스럽게 이해가 되어 진다면 의식이 움직이고 있는 것입니다.

그리고 빠른 시간을 통해 자신이 원하는 의식으로 전향이 될 것입니다. 결과론에 집착해서 과정을 모두 지나쳐 버리면 "~ 땡" 다시 시작해야 합니다.

말씀을 10번 읽음과 100번 읽음이 같다면, 무엇 때문에 100독讀을 할까요. 자주 많이 접하면 자신이 어느 결에 성경이 되어있음을 알게 됩니다.

09
의식전환 4 / 의식체

❧

일단 우리가 기본적으로 살펴봐야 하는 것이 우리 몸 하드웨어입니다.

성경의 구성은 구약舊約39편과 신약新約27편으로 엮어져 있고, 구약(the old Covenant)에는 인간사 삶의 내용이 아주 사실적으로 표현되어 있음과 아울러 계율과 순종이 주류를 이룹니다.

신약은 복음(good news)이란 행동양식이 나오면서, 주 메뉴가 사랑이란 매체로 모두를 감싸 안으려고 합니다.

신약을 통해 볼 수 있는 단면 중 하나는, 자신을 사랑한다는 것 자체를 불편해 하는 인류가 있다는 것입니다. 환언換言하면 완전자유(free rein)를 주장하면서, 누구로부터의 간섭, 신의 간섭마저도 원하지 않는 것입니다.

그러함에도, 자신의지의 불능 영역에 근접하게 되면, 강력한 구원신청(pray) 메시지를 보내며, 외로운 사랑을 시작하게 되는 것입니다.

이 외로운 사랑이 순수한 사랑이라면 전혀 문제가 없습니다. 극성을 기반한 편익성 의식으로 상대성 사랑을 한다면, 목적을 위한 계약관계를 요구하는 것이나 다를 바 없습니다.

하나님(god)께서는 우주를 창조하시고 우주를 운행하게 하는 법칙을 만드셨는데 이것이 다양한 이름으로 불리고 있을 뿐입니다. 자연법칙, 인과응보 법칙, 영적법칙靈的法則, 우주운행법칙 등등 ….

논리를 좋아하는 분들은 좌뇌적 경향 비중이 높으면서, 만사를 논리적 시각으로 보게 되지요.

잘못된 것은 아닙니다. 모든 것은 창조주의 선물 자유의지가 우리를 유일하게 자유케하고 있을 뿐입니다.

본질로 접근해서, 우리의 의식은 평시 어디에 있고, 어떻게 존재하고 주된 임무가 뭘까요?

그리스신화나 로마신화, 각종 설화 등은 우리의 일상의식에 많은 영향을 주고 있습니다. 이것이 바로 에너지 활동인 것이지요.

고대 추론역사에 13000년경에 아틀란티스(At · lantis), 문화가 있었다고 합니다. 그런데 이 시대에는 2차원적 의식인간과 4차원의 의식인간들이 존재하면서, 3차원적 인간들이 2차와 4차원의 관계를 연결하는 역할을 했다고 하며, 그 3차원적 인류문화가 지금의 마야문화(Mayan civilization) 마야족들이라고 합니다.

영적 각성이 뛰어난 영성가의 말을 인용하면 아틀란티스(At · lantis) 문화 시대에는 우리의 의식이 두뇌 쪽이 아니고 심장에 거하고 있었는데, 일말의 사건, 그 충격으로 의식이 심장에서 튀어나와 머리로 옮겨갔다는 것이지요. 그런데, 심장 또는 머리 중 거(stay)하는 장소에 따라 의식이 발산하는 에너지의 양상이 완전히 바뀐다는 것이 중요합니다.

현재 이 영성가는 생각이 의식이라고 한 묶음 한 것 같습니다. 그렇게 생각할 수도 있습니다.

우리의 현재의식은 완전한 두뇌의 생각은 아닙니다. 의식은 평시 영성적靈性的 기운으로 가슴에 머물다가 육체의 활동 오감五感에 의해 생각이 구체화되면서, 두뇌 쪽으로 이동 생각과 합일하게 됩니다. 그리고 충격이 클수록 두뇌의 생각, 극성도 강하게 띠게 됩니다. 두뇌활동이 멈추면 생각은 사라지고 순수성 의식이 커지게 되면서 가슴에 거(stay)하게 됩니다.

이 말은 의식이 현재 주인임에도 불구하고, 오랜 시간을 생존전략에 노출되면서 의식은 두뇌의 순발력과 지각 판단력에 자리를 내어주게 되었고, 의식이 거(stay)하는 공간을 배려 받게 된 것입니다.

육체의 소멸은 의식을 무용지물無用之物로 만들어 버리지요.

의식은 이것을 확실히 인지하고 있음으로 육체의 보존성에 최우선권을 부여하게 된 것입니다.

일반적 하등 동물들은 의식이 늘 생존모드로 맞춰있다고 하지요. 그래야만, 거친 황야에서 살아남을 수 있을 것입니다. 이처럼 의식의 체계적 배열과 활동법칙은 유전자배열(DNA)에 기록되어 무리 없이 에너지 활동을 하도록 되어 있다고 합니다. 참으로 전능하신 하나님(god)입니다.

아울러 DNA 역시 의식적 체계가 변화하면 DNA 역시 변조되면서 유전적 기능을 하게 됩니다.

DNA 내용이 거론되니 참고적으로, 인간의 DNA와 동물의 DNA는 당연히 틀려야 하고 틀립니다.

만약 같다면, 소가 사람이고, 사람이 소가 되는 것이지요. 성경에 바벨론 왕 느브갓네살이 3년동안 소처럼 손발톱을 기른 채 풀을 뜯어먹고 살았다고 합니다. 이때 느브갓네살이 자기가 소처럼 생각되도록 하는 것은, 소 DNA로 바뀌어졌어야 한다는 것이지요.

DNA는 컴퓨터의 운영체제와 같이 프로그래밍이지요. 그런데, 인류 중에서도 3부류 정도는 DNA가 다르다는 것입니다. 콜롬비아

코기족, 호주의 에브리진족, 뉴질랜드 아이타하족들이라고 합니다. 즉 이 부족들은, 우리가 가지고 있는 의식과 다르다는 것입니다.

세상을 보는 시각이 다르기 때문에 문제가 되는 것인데, 두드러진 현상이 이들은 통일성의식統一性意識이라 합니다. 세상을 하나의 장으로 생각하고, 만물과 혼연일체渾然一體의식을 지닌 것이지요. 개념이 아니라 DNA구조가 실체로 통일장統一場이라는 것입니다.

우리가 이 부족을 열거하는 이유는 통일장統一場 의식은 물리학에서 말하는 양자이론과 같은 맥락으로, '모두는 하나'라는 하나님(god)의 창조성 의식이라는 것이지요. 우리의 의식이 생각에 잠식당해 고유의 기능인 창조성에서 멀어졌고, 창조주와의 연결성마저 단절되어, 우리는 우주의 외톨이가 된 꼴입니다.

이제 나를 찾아야 하고 내가 누구인지 인식이 되면서, 모든 문제는 해결이 되는 것이지요. 나를 찾기 위해서는 나를 창조한 분(god)을 만나야 합니다. 육의 창조자는 현실적 부모이니 효도 열심히 하시면 됩니다. 창조주(god) 의식체와 나의 의식체를 연결한다 함은 만난다(docking)는 것입니다.

그리고 이 만남을 위해서 나의 의식체를 확실히 순수히 만들어야 하는데, 이 방법론이 매우 중요합니다. 이것이 쉽다면 문제가 될 것이 없습니다.

순수의식을 만들려면 어린이처럼 되어라, 순수 생각을 해라, 헤아릴 수 없는 많은 내용이 있으나, 실행하면 안 된다는 겁니다.
"땡 땡!" 안 되는 것이지요.
이만큼 순수의식이 중요하다는 것이지요.

글자 몇 줄 읽고서 이해했다며, 사랑을 실천하겠다고 아우성치는 것이나 같습니다.
유동성 의식체를 사랑한다는 것, 이것을 뉘라서 쉽다고 하겠습니까. 순수의식이 바로 사랑이고 순수의식이 창조주(god) 의식이며, 창조의 원천 에너지인 것입니다.

충분한 이해, 즉 우주의 순행과 인간사의 법칙과 의식의 흐름을 충분히 인지하고 이해하면서 의식이 맑아집니다. 그렇지 않고서는 생각이란 두뇌의 덫에 걸려, 되는 일이 없습니다.

여기서 여타한 내용들 설명이 특별한 것이 아닙니다. 누구나 인

식하고 느끼는 것들이지만, 확고한 절대성絶對性에 대한 확신이 없
었다는 것입니다.

우리를, 나를 살리기 위해, 두뇌가 온갖 아이디어와 훌륭한 메뉴
들을 쏟아내고 있는데, 이 모든 것들이 바로 자신을 죽이는 것들이
라고 하면, 형제자매님께서는 이해하시겠습니까. 이해가 되었다면
의식은 언제든지 바뀌어 질 수 있습니다. 그리고 언제든 스스로 내
가 순수의식으로 돌아왔는지 테스트 할 수 있습니다.

두뇌가 실제로 아이디어만 내놓는다면 그럴 듯하지만, 온갖 잡념
에다 감정까지 불러일으키고, 체내에서는 독성 물질들도 양산시키
고, 이것이 바로 생지옥입니다. 우리 모두는 당연한 것처럼 생각하
고 누구나 그러한데 뭐가 문제 있느냐고요? 만족하신다면, 그것이
바로 하나님이 인간에게 특별히 선사하신 누구도 간섭하지 않는 자
유의지입니다.

이제 때가 이르러 누구나 자유와 평화와 풍요를 맘껏 누려야할
시간이 왔습니다.

필자는 자신의 소명 따라 형제자매님들과 똑같은 환경에서 동일
한 의식을 유지하면서 각성을 이루며, 안내하고 있음이 다를 뿐입
니다.

충분하게 저려진 배추가 김장감이 되듯이, 온갖 아상我相으로 조각된 자신이 누그려 질 때까지 기다려야 합니다.

10
의식전환 5 / 실체의 정의

~

세상을 일순간에 바꿔버리는 노란색 유리알 안(glasses)을 제 눈에 안경이라고 표현합니다.

변한 것이 없음에도 불구하고, 홀로 노란세상을 보면서 가을이라고 우겨대는 것이지요. 실상을 알면 좋을 것 같군요.

구약에 묘사된 아담의 생활관을 보면 천하태평, 낙천성, 지각불능, 무노동, 게으름, 책임회피 등이 듬뿍이 잠재되어 있었고, 행한 일을 보면 사물들에게 이름 붙여준 작명가作名家였음을 알 수 있습니다.

물론 창조주(god)에게 벼락을 맞고 고달픈 인생길이 펼쳐져 있었음을, 우리 모두는 가슴 아프게 생각함은 확실합니다.

또한 아담의 창조 목적이 창조주(god)께서 순전히 좋아 보일 것 같다는 의념疑念이 팽배합니다.

그래도, 아담의 후손들은 돌제단(Stone Foundation)을 쌓아놓고 손이 발이 되도록 빌고, 구하고, 청하며, 지금도 기도하고 있습니다. 위 과정에서 아담의 창조는 창조주(god)께서 흙을 직접 빗어서, 생기를 불어넣는 과정이 나오는데 우리의 탄생도 아담과 동일하다고 주장하면서, 모든 것이 창조주(god) 손에 달려있을 것이라고 믿게 되었고, 모두는 은연중 죄만 자복하고, 예수(jesus) 이름으로 기도만 하면 만사형통한다는 통념이 완성된 것입니다.

전혀 잘못 된 것은 아닙니다. 성경적 내용과 유유상종의식으로, 탐구론을 펼치면 당연히 나올 수 있는 현상입니다. 우리가 창조되어온 과정은 아담의 창조 과정과 전혀 다릅니다. 너무도 당연한 현실이지요.

그럼에도 창조시대 창조의식은 전혀 기억하지 못하고, 모든 것은 창조주(god)의 창조 결과이오니 모두 알아서 해줘야 한다는 떠넘기려는 의타적 아담정신만 오늘날까지 계승되어져 오고 있는 것입니다.

음식이 고갈되면 까마귀나 비둘기가 부리로 음식을 물고 오기를 기대하고, 몸이 아프면 찬란한 금빛 천사가 방문에 금가루를 뿌려 주며 치유시켜 줄 것을 기대하고, 기도하는 나는 절대적 굳은 믿음이 있음으로 내가 어려울 때마다, 모세(Moses)전용 지팡이로 해결해 줄 것이라는 믿음의 해결 시스템체계가 굳어진 것이지요.

즉 하나님(god)께서 천사나 기타 여러 방법을 동원해서, 하나님답게 척척 알아서 해결해 준다는 것이지요.

뭐, 이것이 나쁩니까? 전혀 나쁘지 않습니다. 그렇게만 되면 얼마나 좋겠습니까.

돌부처에게 떡 놓고 드시라고 하면서 열심히 기도하는 그 마음을 헤아려보면, 맹바위에게 기도한들 뭐가 문제 있겠습니까.

그런데 자연과 우주의 질서는 우리가 생각한 대로 절로 순응하지 않는다는 것이 문제입니다.

내가 이 세상을 원하지 않는데 나를 이 땅에 보낸 이가 누굴까요?

만약 하나님(god)이 보냈다면 책임이 있어야 한다고 생각할 것이고, 그게 사실이라면 절대 하나님(god)을 믿을 수 없다는 타론打論이 나올 수 있습니다.

바로 이러함이 무지(ignorance)라 할 수 있습니다.

그래서 고대로부터 현대에 이르기까지 "나를 알아야 한다. 나를 알면 우주를 알게 된다"고 하지요.

이 같은 연유로 참 지식을 찾는 것이 진리인 것입니다. 비록 내 자신은 깨우침이 더디다 할지라도 깨우친 자의 행로를 따라 감이 독도법讀圖法을 이해한 것입니다.

깨우침이란 그 자체가 워낙 우주만큼이나 광범위해서, 정의하기 어렵습니다.

한치 앞을 보는 것도 깨우침, 열치 앞을 봄도 깨우침, 열심히 경험을 통해 진실을 알아감이 깨우침의 행로입니다. 조금만 더 앞으로 나가게 되면 나를 발견하게 됩니다. 그러면서 얼기설기 엉킨 실마리를 찾게 됩니다.

일취월장日就月將 순식간에 변하는 나를 보면서, 우리 모두는 환한 모습으로 변하게 되지요.

그러면서 '이건 당연한 일이구나! 등잔 밑이 어둡고, 내 주머니속 보물이 이것을 말함이구나!' 하며 눈물 흘릴 시간이 옵니다. 그렇게 되면 동시적으로 형제자매님을 인도하는 참 영적 스승(하나님: god)을 만나게 됩니다.

그리고 우주의 법칙과 흐름, 그리고 자신의 삶을 알게 됩니다.

이보다 더 중요한 게 뭐가 있습니까?

11
의식전환 6 / 허상과 실상

❧

별일들 없으신가요?

당연히 "굿모닝이시지요!" 설사 "노 봉쥬(No bon −jour)"일지라도 굿(good)이어야 합니다.

혹시나 어제 밤 꿈도 꾸셨는지요? 물론 원하시는 꿈으로? 아니면 아직 원하시는 꿈을 꾸지 못하십니까?

사실 꿈은 비현실적이라고 대수롭지 않게 생각하나, 말씀 중에는 꿈으로 인해 팔자가 바뀐 사람들이 많지요.

'느브갓네살 왕과 다니엘', '바로 왕과 요셉' 등에서 보듯이 말씀에서는 계시의 수단으로 매우 중요히 사용되어졌다는 것입니다. 그리고 꿈이라는 것을 내가 원하는 대로 각본, 대본 쓰고 연출할 수가 없다고, 정의하고 있는 것이 굳건한 인류의 인식체계가 된 것입니다.

하루를 시작하면서 우리 모두는 훌륭한 계획 – 어제 받은 E-mail 답장. 구두 닦고, 점심은 절식, 오더(order) 몇 개 받고 등 너무도 구태의연한, 너구리나 곰들도 세우는 일과 플랜. 너구리, 곰 만나서 확인해 보세요. – 들을 세우고, 삶 속으로 입장합니다.

그럼에도 불구하고 이마저 실행들이 잘 안 되고 뒤엉키는 경향이 많다는 것입니다. 살다보면 그런 것이지 뭐, 당연합니다. 우리 모두 그렇게 살아가고 있습니다.

꿈에서 깨어나 현실을 보고, 현실에서 깨어서 실상을 인식해야 합니다. 꿈에서 깨지 않으면 자신이 꿈을 꾸고 있는지 조차 알지 못합니다. 현실에서 깨어나지 못하면 현실이 무엇인지 알 수가 없습니다.

인류의 진화는 인식체계 즉 의식의 진화(evolution)라고 할 수 있습니다.

짚신 → 고무신 → 운동화 → 구두…. 이것은 물질의 발달이며 문명의 발전이라 할 수 있습니다. 우리가 주제로 하는 의식의 진화는 차원(level)을 말합니다.

고대시대 13000년 전 아틀란티스(Atlantis) 문화가 흔적 없이 사라진 내용들이 다양하게 나옵니다.

과정 중에 상위차원에 있는 부류 중 일부가 2차원의 의식을 4차원적으로 상승시키기 위해, 일련의 대역사大役事를 하고, 에너지를 운용시키기 위해 헌신적 노력을 했는데, 물론 무엇인가 야심野心이 있는지, 그것은 확실하지 않지만, 결과론적으로 실패를 하게 되었으며, 그 실패의 참상이 참혹했다는 것입니다.

차원간의 에너지 장벽에 균열이 생겨 4차원의 의식들이 쏟아져 나와, 2차원의 인간 몸으로 결합되는 현상이 나오게 되었으며, 그 결과로 4차원 의식을 수용할 수 없는 2차원 육신이 엄청난 고통을 받게 되었고, 그 상태가 수백 년간을 지속되다가 우주로부터 날아온 거대한 운석이 아메리카 남동부지역에 떨어지면서 충격에 의한 지각변동, 바다 속으로 침몰하게 되었다는 것입니다. 이 내용들이 우화적이 아님을 고고학적 발견과 해석 등으로 증명되고 있습니다.

4차원 또는 3차원 의식에서 보면 우리가 사는 시공간이 허상이라고 합니다.

2차원적인 우리 세계는 3차원을 "공간이다"라고 말하면서, 우리가 3차원에 살고 있다고 말합니다. 그러나 당사자인 우리가 공간을 볼 수가 있어야 하는데, 공간을 못 보고 있는 것이지요. 결국 공간을 못 보면 2차원입니다.

 우리는 이 현실을 그 무엇으로도 바뀌지지 않는 완벽한 실상으로, 다이아몬드보다 더 단단한 개념체계로 자리하고 있습니다. 그렇지 않습니다. 의식이 바뀌면 사물 인식을 다르게 합니다.
 단, 의식이 바뀌면 절대 안 되는 분들은, 내용을 역易으로 보시면 절대 안 바뀌게 할 수 있습니다.

 스스로 사도된 분이 "나는 매일같이 죽노라" 하니까, 후대 사람들은 이것은 자아라고 말합니다. 이것이 생각과 의식을 말하는데, 생각과 의식을 죽여 버리면, 의학적 식물인간이 됩니다. 뇌사상태가 되지요. 바울사도의 14권 신약 내용을 두루 보시면 알겠지만, 감정 조절 표현입니다.

 이 감정조절 표현은 그리스도 존재성에 대한 확고한 믿음 체계 위에 나온 것이기 때문에, 두려움이 없는 것입니다.
 두려움이 없다 함은, 일반적인 두뇌를 통한 심장의 감정조절과는 다릅니다. 결국 확고한 존재성이 없는 믿음에서 나오는, 자아 죽이기는 안 된다는 것입니다. 확고한 믿음은 자아 죽이기를 안 해도, 두뇌를 통한 심장의 감정조절 애고(ego)는 사라집니다.

자신이 동묘東廟에서 쉬고 있는 관운장이 아님에도 불구하고, 청룡도青龍刀 끼고 적토마赤兔馬 잔등에 올라 전쟁터를 누빈다면, 청룡도에 짓눌려 질식, 말 등에서 떨어질 것은 분명합니다.

대우주와 소우주론에 따라 대우주는 누구나 보고 있을 것이고 소우주가 바로 문제입니다. 이 소우주를 인식하기 위한 내용으로 개념을 설명한 것이 아니고 실상을 말하고 있습니다.